Der Flirtkurs

**Wie man einfach und spontan
Leute kennen lernt und auf der
Partnersuche erfolgreich ist.**

Thomas Peter

Impressum

© Thomas Peter 2002
Alle Rechte vorbehalten.
www.flirtkurs.ch
Umschlaggestaltung: Thomas Peter
Korrektorat: Peter Zaugg
Druck: Books on Demand GmbH
ISBN: 3-0344-0057-8

Inhalt

Vorwort	5
Was bedeutet Flirten?	7
Vereinsamen wir langsam?	8
Wer braucht einen Flirtkurs?	10
Wann entsteht ein Flirt?	11
Kann man flirten lernen?	12
Wie flirtet man?	13
Der erste Eindruck	16
Der ultimative Flirtspruch	17
Soll ein Flirt zielgerichtet sein?	18
Nimm dir nicht zu viel vor!	19
Der/Die Traumpartner/in	20
Zeige dich immer von deiner besten Seite	21
Selbstvertrauen und Selbstachtung	22
Keine Lust darauf, auszugehen? Bringe dich in eine positive Stimmung!	25
Deine Stärken und Schwächen	27
Was ist, wenn du einen Korb bekommst?	28
Ausreden und Einwände, warum Flirts nicht möglich sind	32
Dürfen Frauen den ersten Schritt machen?	33
Wenn mir jemand, den ich kenne, beim Flirten zusieht oder zuhört?	34
Anstand und Umgangsformen	35
Sich die Hand geben – der Händedruck	36
«Sie» oder «du»?	37
Merk dir den Namen deines Gegenübers!	38
Bist du intelligent?	38
Was ist, wenn sich meine auserwählte Person in einer Gruppe aufhält?	39
Sprache und Körpersprache	42
Körperkontakt beim Flirten	43
Körperpflege	44

Kleidung	46
Fitness und Sport	48
Komplimente	49
Keine Zeit für eine/n Partner/in?	50
Wenn der/die Flirtpartner/in zu aufdringlich wird?	50
Signalisiere Empfangsbereitschaft!	51
Geh alleine oder zu zweit aus!	52
Flirten in der Partnerschaft	53
Das Flirtgespräch	54
Gesprächsthemen	57
Flirt im Internet	58
Blind Dates	61
Party- und Flirtlines am Telefon	62
Gefahren beim Flirt	63
Was ist beim Flirten verboten?	64
Ein paar Merksätze	67
Tipps und Tricks	70
Flirtumfrage	106
Kleines Flirt-Abc	112
Schlusswort	127

Vorwort

Herzliche Gratulation, du hast bereits einen sehr wichtigen Schritt gemacht. Wirklich! Du hältst dieses Buch in den Händen. Warum soll denn das ein wichtiger Schritt sein?

Weil du damit den Grundstein legst für eine Veränderung in deinem Leben. Du bist anscheinend nicht jemand, der sagt: «Ich bin so, wie ich bin, und da lässt sich nichts ändern. Wann und wo ich jemanden kennen lerne, steht in den Sternen, es lässt sich nicht beeinflussen. Das ist mein Schicksal. Und flirten lernen kann man sowieso nicht!»

Nein, du hast vor, dieses Buch zu lesen, etwas zu lernen und eventuell einige alte Verhaltensformen abzulegen. Du bist bereit, dein Leben positiv zu verändern! Das ist genau der Sinn dieses Flirtkurses. Du sollst erkennen, welche Tipps und Anregungen für dich und dein Leben zutreffen, um sie dann gezielt einzusetzen. Ja, du hast richtig gelesen, ich spreche immer von Anregungen, nicht Anleitungen. Ich möchte nur aufzeigen, wie etwas sein könnte, wie man Leute ansprechen und mit ihnen in Kontakt kommen kann. Pick dir diejenigen Tipps heraus, die du für dich als anwendbar empfindest, und baue darauf auf.

Dieses Buch beinhaltet viele Erfahrungen aus meinen Flirtkursen, die ich hauptsächlich in der Schweiz veranstalte, aus meinem Leben und dem von vielen, vielen Leuten, mit denen ich kurze bis sehr lange Gespräche führen durfte. Ich möchte hiermit allen danken, die mir ihre Erfahrungen im Umgang mit anderen Menschen oder eben ihre Flirterlebnisse erzählt haben.

Dadurch, dass ein Flirtkurs etwas Spezielles ist, das alle – ob Jung oder Alt – angeht, wurde schon oft in den Medien über meinen Kurs berichtet. Diskussionen sind übrigens ein sehr wichtiger Punkt in meinen Kursen. Die Teilnehmer/innen merken sofort, dass es anderen nicht anders ergeht als ihnen selber. Das ist dann zugleich ein Motivationsschub, den sie erfahren, weil sie erkennen, dass sie mit ihren Problemen und Schwierigkeiten nicht alleine sind. Ich lege sehr viel Wert darauf, dass die Kurse sowie auch dieses Buch Informationen und Anregungen enthalten, die aus dem Leben gegriffen und nachvollziehbar sind, nicht nur unanwendbare Theorie.

Ich habe in der männlichen und weiblichen Version geschrieben, weil ich nicht weiss, ob du ein Männlein oder ein Weiblein bist. Somit ist das Buch auf dich persönlich zugeschnitten. Die Namen, die ich verwendet habe, sind geändert, um die Privatsphäre der entsprechenden Personen zu wahren.

Übrigens bist du herzlich willkommen in einem meiner Flirtkurse. Durch die Lektüre dieses Buches zusammen mit dem «richtigen» Kurs bist du ideal aufs Flirten vorbereitet.

Du kannst mich natürlich auch im Internet besuchen und mich per E-Mail kontaktieren: **www.flirtkurs.ch.**

Ich habe mich auf das Nötigste beschränkt und dieses Buch nicht allzu dick werden lassen. Du sollst schliesslich während des Lesens motiviert werden, die Tipps auszuprobieren, und deine Zeit nicht nur mit Lesen verbringen müssen.

Wenn es dir manchmal vorkommt, als hättest du eine gewisse Textstelle schon einmal gelesen, so ist das beabsichtigt. Die wichtigsten Dinge kommen bewusst mehrfach vor, weil du dir diese unbedingt merken musst!

Nun gehts los ... Ich wünsche dir viel Spass mit diesem Flirtkurs!

Thomas Peter

Was bedeutet Flirten?

Der Duden beschreibt es als «Liebelei, ein harmloses kokettes Spiel mit der Liebe».

Aha. Und was heisst das jetzt?

Hier eine allgemein gültige Antwort zu geben, fällt schwer, denn flirten bedeutet für jeden wieder etwas anderes. Wenn ich zum Beispiel fünf Leute frage, bekomme ich drei verschiedene Antworten, und die restlichen zwei haben Mühe zu erklären, was es für sie bedeutet, obwohl sie es eigentlich zu wissen glauben.

Flirten ist eine Frage der Definition. Für die einen ist ein Flirt, wenn sie jemanden per Augenkontakt anschauen und die andere Person die Blicke erwidert und angeregt zurückschaut. Für die anderen ist ein Flirt das direkte Ansprechen mit einem möglichst coolen Spruch. Dann gibt es wiederum solche, die verstehen unter Flirten schon die reine Kontaktaufnahme, einfach das Kommunizieren mit Menschen.

Also, bis jetzt hat dir das nicht sehr viel genützt, oder? Dann schildere ich dir, was ich unter Flirten verstehe: Flirten ist für mich die unverbindliche, unbeschwerte Kontaktaufnahme, wobei viele Möglichkeiten offen stehen, wie sich das Ganze entwickeln kann. Am Anfang steht meistens der Augenkontakt, der ein bisschen länger dauert als sonst. Man kann aber auch ohne den direkten Augenkontakt flirten, zum Beispiel am Telefon! Flirten macht Spass und baut das eigene Selbstbewustsein sowie das Selbstvertrauen auf. Es kann durchaus zum Hobby werden! Auf jeden Fall bekommt man dadurch mehr Spass am Leben!

Ein Miniflirt ist für mich schon, wenn du zu jemandem – zum Beispiel an der Kasse im Supermarkt – mehr als «hallo», «danke» und «auf Wiedersehen» sagst! Auch wenn du diese Person nicht näher kennen lernen willst. Du hast mit ihm/ihr Kontakt aufgenommen. Das tut dir gut und ihm/ihr an der Kasse ebenfalls. Denn er/sie sitzt wahrscheinlich den ganzen Tag da und verrichtet seine/ihre Arbeit. Jetzt kommst aber du und sagst irgendetwas zu ihm/ihr! Kannst du dir vorstellen, wie er/sie plötzlich schaut, wenn auf einmal jemand mit ihm/ihr spricht? Du sollst natürlich nicht lange diskutieren, wenn hinter dir eine lange Warteschlange ist. Aber wie wäre es, einmal kurz vor Ladenschluss einkaufen zu gehen und zu ihm/ihr an der Kasse zu sagen: «So, jetzt haben Sie auch gleich Feierabend …!» Für dein «Mitgefühl» wirst du sicher eine nette Antwort erhalten. Nicht mehr und nicht weniger.

Wenn er/sie dich aber interessiert, warum fragst du nicht, ob das Café gegenüber noch länger geöffnet ist, weil du noch einen Kaffee trinken gehen willst? Dann versäume es bitte nicht zu fragen, ob er/sie auch noch auf einen Kaffee mitkommen möchte …! Du getraust dich nicht? Warum denn? Niemand tut dir etwas, solange du freundlich bist! Wenn er/sie nicht mitkommen will, ist es auch egal. Verabschiede dich freundlich. Übrigens war es keine Niederlage, vielleicht hatte er/sie einfach keine Zeit!

Vereinsamen wir langsam?

Irgendwie verlernen wir es mehr und mehr, auf andere Menschen zuzugehen und Kontakte zu knüpfen. Abends und am Wochenende gehen wir mit Freunden weg und bleiben dann mit diesen zusammen. Anschliessend fahren wir wieder geschlossen zurück – natürlich im Auto. Keine Chance, um neue Leute kennen zu lernen.

Und wie stehts mit dir? Fährst du auch jeden Tag alleine zur Arbeit und abends wieder alleine zurück? Sicher schwierig, auf dem Arbeitsweg jemanden kennen zu lernen. Warum denn nicht einmal mit den öffentlichen Verkehrsmitteln? Dort gibts doch massenweise Leute, die du kennen lernen kannst (und die DICH kennen lernen können)! Sogar morgens, stell dir vor!

Natürlich kannst du auf einige Morgenmuffel treffen, aber ein freundliches «Guten Morgen, auch wieder hier?» zu jemandem, dem du jeden Morgen begegnest, kann Wunder wirken! Es geht nicht darum, ihn/sie gleich zu heiraten, sondern einfach nur darum, Kontakt mit ihm/ihr aufzunehmen. «Ich habe festgestellt, dass Sie auch jeden Morgen hier sind. Darf ich fragen, wo Sie arbeiten?» Der Rest passiert dann von selbst – oder eben nicht. Auch nicht schlimm.

Ich weiss, morgens um 7 Uhr im Zug braucht es schon etwas Überwindung, jemanden anzusprechen. Du kennst sicher den Effekt, wenn im vollbesetzten Abteil plötzlich zwei fremde Leute anfangen, sich zu unterhalten. Die anderen Fahrgäste schauen zu ihnen herüber, als wollten sie gleich zubeissen! Willst du wissen, wie ich darüber denke? Die Leute schauen nicht, weil es unanständig oder sonst etwas ist, fremde Leute im Zug anzusprechen, sondern weil sie neidisch sind, denn sie können eben dieses nicht – jemanden ansprechen!

Es gibt immer mehr Singles auf dieser Welt, also kein Wunder, wenn Partnervermittlungsagenturen regen Zulauf haben. Nichts gegen diese Einrichtungen, aber willst du nicht zuerst versuchen, dein Glück selber in die Hand zu nehmen?

Sicher, du kannst dich vermitteln lassen. Aber wenn du scheu und zurückhaltend bist, nützt es dir wenig, wenn dir jemand vermittelt wird, denn beim ersten Treffen wirst du erst recht schüchtern sein und wirst dich vielleicht so geben, wie du es gerade nicht wolltest! Findest du nicht, du solltest zuerst etwas an dir selber arbeiten, um dann ruhiger und gelassener auf jemanden zugehen zu können? Ich möchte dir helfen, dir ein unverkrampftes und unbeschwertes Auftreten zu verschaffen. Du wirst staunen, wie einfach das ist!

Du kannst es!

Genau das wirst du in diesem Buch noch öfters lesen – du kannst es! Sage es auch immer wieder zu dir selber, gerade wenn du vor einer schwierigen Aufgabe stehst, sei das nun privat oder geschäftlich. Stell dich dazu vor den Spiegel und sprich mit dir selber: «Ich kann es!»

Und noch was: Empfinde bloss nicht jeden Anflug von Nervosität als störend, wenn du eine interessante Person triffst. Das ist völlig normal – und eigentlich auch nötig, denn ein gewisses «Kribbeln» soll doch auch sein, oder? Zudem fühlt sich dein

Gegenüber geschmeichelt, wenn er/sie merkt, dass du wegen ihm/ihr nervös bist. Das ist, wie wenn du ihm/ihr ein Kompliment machen würdest!

Wer braucht einen Flirtkurs?

Die Erfahrung aus meinen Kursen zeigt, dass Menschen aus allen sozialen Schichten und Berufsgruppen praktisch dieselben Kontaktschwierigkeiten und Bedürfnisse haben.

Vom Alter her gesehen ist so ziemlich alles vertreten. Wobei jüngere Leute nicht die genau gleiche Zielsetzung haben wie zum Beispiel über 50-jährige. 20-jährige möchten «einfach so» jemanden kennen lernen und 50-jährige denken da schon etwas weiter und sind vorsichtiger. Vielleicht haben sie ja auch schon längere Beziehungen, teilweise auch Ehen, hinter sich und möchten jetzt einen Neuanfang in Angriff nehmen.

Eine 54-jährige Frau erzählte mir, sie habe festgestellt, dass es für sie eine Schwierigkeit darstelle, mit gleichaltrigen Männern in Kontakt zu kommen, da sich diese mehrheitlich für jüngere Frauen interessieren würden. Da fällt mir der alte Spruch ein: «Je älter die Männer, desto jünger ihre Frauen.»

Du liest dieses Buch. Gratulation! Hast du dir eventuell sogar überlegt, es nicht zu lesen, weil du dir eingebildet hast, «so etwas» doch nicht nötig zu haben? Siehst du, so geht es vielen. Ich werde sogar des öfteren an- oder sogar ausgelacht, wenn ich sage, ich veranstalte Flirtkurse. Wenn ich den Leuten dann aber schildere, um was es genau geht, merken sie innert kurzer Zeit, dass es sie ebenfalls betrifft, weil die meisten von ihnen auch weiche Knie bekommen, wenn sie eine interessante Person vor sich haben, mit der sie gerne in Kontakt kommen würden. Das hat schon oft – trotz des anfänglichen Belächeltwerdens – zu angeregten Diskussionen geführt.

Kurz gesagt: Der Flirtkurs ist für alle nützlich! Wir wollen schliesslich alle dazulernen!

Wann entsteht ein Flirt?

Ein Flirt entsteht, wenn die Bedingungen dazu günstig sind. Er lässt sich nicht zu hundert Prozent im Voraus planen.

Vielleicht hast du schon Situationen erlebt, wo du mit jemandem irgendwie ins Gespräch gekommen bist und ihr euch unterhalten habt. War das ein Flirt oder nur ein interessantes Gespräch? Siehst du, hier stellt sich wieder die Frage: «Was ist ein Flirt?» Je nach deiner eigenen Definition hast du es als Flirt empfunden oder eben nicht. Der Flirt lässt sich tatsächlich schwer planen.

Wenn du es so siehst, dass du einfach unter die Leute gehst und Spass daran hast, werden Flirts einfach so entstehen – sei gespannt! Halte Augen und Ohren offen, beobachte deine Umgebung und freue dich, einfach nur unter den Leuten zu sein. Durch diese Einstellung hast du am meisten Chancen, die interessantesten Leute kennen zu lernen.

Wenn du heute mit dem/der Verkäufer/in ein paar belanglose Worte gewechselt hast, stehst du bei deinem nächsten Besuch in diesem Geschäft schon in einer anderen Beziehung zu ihm/ihr. Natürlich verbindet euch eigentlich noch nichts. Doch denk daran, dass du vielleicht schon bald wieder dort einkaufst, weil dieses Geschäft genau die Klamotten hat, die dir gefallen, und du dann eines Tages dazustösst, wenn er/sie sich mit jemandem unterhält, dich dann sogleich begrüsst und dir diese Person vorstellt, die du vielleicht absolut umwerfend findest ...

Natürlich bringst du dich ins Gespräch ein und lässt es deine/n Flirtpartner/in spüren, dass du dich für ihn/sie interessierst, indem du ihm/ihr lange und tief in die Augen schaust. Doch vergiss vor lauter Begeisterung das Sprechen nicht! Erkundige dich, welche Kleider er/sie denn so bevorzugt, dass du noch einen Kaffee trinken gehen willst und nicht abgeneigt wärst, eine Begleitung zu haben ...

Überlege nicht lange, sondern frag einfach, ob er/sie ins Café gegenüber mitkommt, weil es dort gemütlicher ist, über Mode zu diskutieren.

Sag also nie, es bringt nichts, einfach mal so mit jemandem kurz zu quatschen, es kann – wenn auch später – alles Mögliche dabei herauskommen!

Übrigens gibt es auch Leute, die heftig flirten und selbst von sich behaupten, sie seien absolute Flirtnieten. Darauf angesprochen, geben sie sich völlig verwundert: «Was, ich flirte? Ich doch nicht!» Schön, wenn man es tut, es aber nicht merkt ...!

Kann man flirten lernen?

«Nein», hört man öfters. Man könne es eben nicht. Das wäre ja traurig, wenn man es nicht lernen könnte. Ich behaupte – besser gesagt, ich weiss es –, man kann es lernen!

Nach der Lektüre dieses Buches oder der Teilnahme im Flirtkurs bist du allerdings kein/e perfekte/r Flirter/in. Du weisst aber, auf was du achten musst, um dein eigenes Flirtpotenzial zu erkennen und gezielt zu fördern. Du musst nur etwas an dir arbeiten sowie dein Auftreten mit Hilfe einiger Tipps, Tricks und Anregungen optimieren. Plötzlich wirst du feststellen, dass du viel offener auf andere zugehen kannst, um mit ihnen in Kontakt zu kommen und mit ihnen zu flirten.

Du wirst vielleicht auch bald feststellen, dass durch dein besseres und selbstbewussteres Auftreten auch du beflirtet wirst! Nimm mit den Leuten Kontakt auf und flirte mit ihnen – immer und überall!

Allerdings musst du zuerst lernen, dich selber zu mögen, bevor du es von anderen erwartest! Doch dabei wird dir dieses Buch helfen.

Sehr hilfreich kann es sein, wenn du die Leute in deiner Umgebung beobachtest und diese ein bisschen studierst, um ihr Verhalten zueinander zu verstehen und dir eventuell etwas davon abzugucken! Natürlich solltest du darauf achten, dass du in deiner Rolle als Beobachter nicht auffällst ...

Dabei wirst du feststellen, dass auch andere nicht immer Erfolg haben oder sogar Fehler machen – wie du! Du bist also nicht der/die Einzige. Zudem können solche Beobachtungen sehr lehrreich sein. Unter Umständen siehst du anhand einer anderen Person, die auf dieselbe Weise wie du jemanden anspricht, wie lächerlich es wirkt. Jetzt wird dir klar, warum du bis jetzt mit diesem Spruch keinen Erfolg hattest!

Die Masche eines Kursbesuchers war der Spruch: «Hallo, du bist genau mein Typ!» Er übertraf sich selber noch, indem er zugleich zwei Frauen ansprach: «Ihr beide seid genau mein Typ!» Direkter gehts ja wohl nicht mehr. Da hätte er gleich sagen können: «Hallo, ich will eine Beziehung mit euch!» Er wunderte sich noch, warum er so selten Erfolg damit hatte. Glücklicherweise hat er dann auf mich gehört und ist zur Erkenntnis gekommen, dass dies eben doch nicht der ultimative Flirtspruch sein kann!

Trotzdem «Hut ab» vor ihm, denn er hat etwas ganz Entscheidendes geleistet: Er hat den Mut aufgebracht und jemanden angesprochen! Besser so als gar nicht!

Wie flirtet man?

Es gibt viele verschiedene Möglichkeiten, um zu flirten. Anfänglich geschieht es meistens mittels Augenkontakt. Schau den Leuten unbedingt in die Augen! In der Fussgängerzone in der Innenstadt am Samstag ist es natürlich nicht möglich, allen in die Augen zu schauen, weil das in Augenakrobatik ausarten würde. Ich glaube, du weisst, was ich meine.

Angenommen, du bist in einem Lokal, einem Pub, und du hast jemanden gesehen, der dich immer wieder anschaut. Was tun? Stell dich so hin, dass du dich nicht frontal präsentierst, sondern so, dass du leicht schräg zu ihm/ihr hinschauen kannst. Das wirkt interessanter auf ihn/sie. Nun schaut ihr euch wieder an, haltet den Augenkontakt einige Sekunden und schaut wieder weg.

Nach einigen solchen Blicken solltest du ein Lächeln für ihn/sie aufbringen – damit signalisierst du Interesse –, besser allerdings schon beim ersten oder beim zweiten Mal, wenn ihr euch anschaut.

Wenn dieses Schau-hin-schau-weg-Spiel einige Zeit anhält, darfst du annehmen, dass du ihm/ihr nicht gleichgültig bist. Spätestens wenn er/sie zurücklächelt, solltest du nicht mehr zögern, ihn/sie anzusprechen.

Erwarte nicht, dass er/sie dich gleich morgen heiraten will, aber einem kurzen Gespräch wird er/sie sicher nicht abgeneigt sein. Überlege nicht zu lange, gehe hin und sprich ihn/sie an.

Der Mut fehlt? Gut, dann hast du vielleicht das Glück, dass er/sie am Durchgang zur Toilette steht. Schau ihn/sie an, steh auf und begib dich auf den Weg zur Toilette. Auf dem Weg dorthin drosselst du dein Tempo, schaust ihn/sie an, lächelst, sagst «hallo» und gehst weiter zur Toilette. Auf dem Rückweg solltest du dich aber zu ihm/ihr hinbegeben.

Noch immer keinen Mut? Dann geh nochmals an deinen Platz und überblick die Lage. Er/Sie schaut immer noch? Dann ist das die letzte Chance, um zu ihm/ihr hinzugehen. Nimm dein Glas, und auf gehts!

Ich glaube, in dieser Situation musst du wirklich keine Angst haben, er/sie wird sicher erfreut sein, wenn du kommst. Betrachte es doch mal so: Anscheinend getraut er/sie sich nicht, dich anzusprechen, du hast aber den Mut und gehst hin. Ein Punkt für dich!

Sicher hast du auch schon solche Situationen erlebt. Nicht selten hast du zu lange gewartet, weil du dich nicht getraut hast, und er/sie ist wieder gegangen. «Mensch, war ich doof, das hätte sicher nett werden können. Vielleicht wäre ich auch gar nicht abgeblitzt. Das nächste Mal muss ich es besser machen!», hast du gedacht.

Ihr habt euch den ganzen Abend lang angeschaut, und jetzt ist es vorbei. Wahrscheinlich siehst du diese Person nie wieder. Tja, du hast ihm/ihr erfolgreich das Gefühl vermittelt, dass du zwar schaust, aber anscheinend nicht interessiert bist. Mache diesen Fehler nicht wieder! Es ist verlorene Zeit.

Solltest du trotz allem einen Korb bekommen, dann bleib freundlich, wünsche einen schönen Abend und zieh dich zurück. Ich weiss, dann gehts los mit den negativen Gedanken: «Ich mache immer alles falsch! Ich bin nicht sein/ihr Typ, sehe nicht gut genug aus, er/sie hat schon eine/n Partner/in und wartet hier auf ihn/sie.»

Schiess diese Gedanken gleich wieder in den Wind – aber sofort!

Eines darfst und musst du dir allerdings überlegen: ob du wirklich etwas Falsches getan hast. Hast du vielleicht zweideutige Bemerkungen gemacht? Dann musst du das in Zukunft unterlassen. Warst du jedoch freundlich, korrekt und anständig? Dann ist alles in bester Ordnung. An dir liegts nicht.

Wie sagt man so schön: Die Chemie stimmte nicht. Das hat sich jedenfalls dein Gegenüber gedacht und dich abblitzen lassen. Egal, macht nichts. Nimms nicht persönlich! Durch diese Situationen wirst du reifer. Jemand, der im Leben nur Erfolg hat, wird nie lernen, mit Problemsituationen umzugehen. Demzufolge wird er an ihnen scheitern. Scheitern wirst du aber auf Dauer nicht, wenn du solche negativen Erlebnisse zu verarbeiten weisst. Du wirst daran wachsen.

Hast du gewusst, dass es Leute gibt, die nur flirten, weil sie ihren Marktwert testen wollen? Wenn sie beflirtet und angesprochen werden, lassen sie ihr «Opfer» eiskalt abblitzen, denn sie haben jetzt ja die Bestätigung, dass sie begehrt sind.

In diesem Falle kannst du absolut nichts dafür. Im Gegenteil, du kannst von Glück reden, dass du nicht mehr Zeit für so jemanden geopfert hast!

Zudem spricht es sich sehr rasch herum, sodass diese Leute einen schlechten Ruf bekommen und heimlich sogar darüber klagen, ihrerseits keine interessanten Leute kennen zu lernen ... Warum wohl?

Der erste Eindruck

Wo immer du Leute triffst, der erste Eindruck zählt. Es gibt keine Wiederholung! Du bekommst keine zweite Chance, einen guten ersten Eindruck zu machen! Hier zählt alles gleichzeitig, deine gesamte Erscheinung. Von Kopf bis Fuss.

Im ersten Moment ist das Äussere entscheidend. Dabei ist es egal, ob du nun dem aktuellen Schönheitsideal entsprichst oder nicht. Die Hauptsache ist, alles passt zu dir. Wenn du es dir leisten willst, die teuersten Klamotten aus der gerade angesagtesten Boutique zu tragen, bitte schön. Du wirst aber auch in «normalen» Kleidern gut aussehen.

Man spricht von den ersten paar Sekunden und von den darauf folgenden vier Minuten, in denen der erste Eindruck hinterlassen wird. Gerade hier gilt es aufzupassen, sich nicht zu verstellen und sich so zu geben, wie man ist. Innerhalb der ersten vier Minuten ist meistens beiden klar, ob ihr Gegenüber sympathisch ist und sie den Kontakt weiterführen wollen oder nicht.

Wenn du bei einem Anlass mit deinem Glas umhergehst, achte darauf, dass du es in der linken Hand hältst – auch wenn du Rechtshänder/in bist. Denn so hast du in jedem Fall die rechte Hand frei für Begrüssungen! Instinktiv schaut man zuerst auf die linke Seite eines Menschen. Darum trägt man auch Broschen und Blumen links. Ob es wohl damit zu tun hat, dass sich auch das Herz auf der linken Seite befindet?

Also: Sei freundlich, natürlich, schau deinem Gegenüber in die Augen, nimm vor allem die Sonnenbrille ab und versuche nicht, möglichst cool zu wirken!

Übrigens ist es auch im Berufsleben äusserst wichtig, einen guten ersten Eindruck zu vermitteln, sei es bei einem Vorstellungsgespräch oder bei der Begrüssung von Geschäftspartnern vor einem wichtigen Vertragsabschluss.

Der ultimative Flirtspruch

Ich werde immer wieder gefragt, was man denn sagen muss, um jemanden für sich zu gewinnen. Ob es einen Spruch gäbe, der immer funktioniere.

Die Antwort auf die Frage lautet ganz klar: Nein, den gibt es nicht.

Wenn dein Kollege eine Frau mit einem coolen Spruch angesprochen hat und sie «angebissen» hat, so war das doch eher Glück als Verstand. Denke jetzt nur nicht, dieser Spruch funktioniere bei dir auch. Es wird garantiert schief gehen! Erspare dir diese Blamage! Egal, was du sagst, es muss zu dir und zu deinem Typ passen und du musst es rüberbringen können. Andernfalls wirkt es künstlich und aufgesagt.

Wenn deine Kollegin auf der Strasse Leute kennen lernt, heisst das noch lange nicht, dass die Strasse für dich das richtige Flirtrevier ist. Fühlst du dich besser in einem Pub oder an einem Volksfest? Dann versuche dort, mit anderen in Kontakt zu kommen, und bleib der Strasse fern.

Sicher lernt ein Mann im Männerturnverein viele Leute kennen. Nur eben verhältnismässig wenig Frauen ... In diesem Falle sollte er sich nach anderen, zusätzlichen Flirtrevieren umsehen, aber trotzdem im Männerturnverein bleiben. Erstens macht das Spass und zudem geht er irgendwann mit seinen Kollegen aus und lernt vielleicht dadurch jemanden kennen. Einmal im Jahr gibts ein grosses Fest mit Kollegen und Angehörigen. Darin steckt natürlich auch ein enormes Kennenlernpotenzial! Warum nicht selber mal ein kleines, internes Fest veranstalten?

Egal, wo du dich gerade befindest, versuche immer aus der Situation, in der du dich befindest, einen Anhaltspunkt für ein Gespräch zu finden.

Sicher kennst du mehr oder weniger schlaue Sprüche von der Sorte «Glaubst du an die Liebe auf den ersten Blick oder soll ich noch einmal reinkommen?».

Wie wärs mit dem: «Ich habe meine Telefonnummer verlegt, könntest du mir deine leihen?»

Noch einen? «Wenn ich dir nach Hause folgen würde, würdest du mich behalten?»

Hand aufs Herz, würdest du die anwenden? Wohl eher nicht, ausser du bist leidenschaftlicher Korbsammler ...

In ganz besonderen Fällen, wenn die Stimmung und die Situation passt, kannst du schon einen der obigen Sprüche fallen lassen. Das wird dann als Witz aufgefasst und nicht als ernsthafter Kennenlernversuch. Pass auf, dass man dich als Person ernst nimmt und dich nicht einfach mag, weil du immer die lustigsten Sprüche draufhast! Komiker zu sein ist lustig, aber niemand nimmt dich mehr ernst!

Noch etwas bezüglich Sprüche und Internet: Da es im Internet grundsätzlich nichts gibt, was es nicht gibt, findest du auch massenweise solcher Flirtsprüche. Suche danach und amüsiere dich!

Soll ein Flirt zielgerichtet sein?

Er kann, muss aber nicht. Er kann ein Mittel sein, neue Leute kennen zu lernen, mit der Möglichkeit, diese Bekanntschaften zu vertiefen. Wer weiss, vielleicht ergibt sich daraus eine neue Liebe?

Flirte nur aus Spass an der Sache selbst. Das ist das, was ich empfehle. Misch dich unter die Leute, sei unbeschwert und geniesse es. Auf diese Weise wirst du die interessantesten Bekanntschaften machen. Hab keine Hintergedanken. Flirte mit allen!

Mit dem Zwang im Hinterkopf, flirten zu müssen, weil du einen Partner kennen lernen willst, stehst du unter einem gewissen Erwartungsdruck und wirst damit nicht viel Erfolg haben!

Sicher, wenn jemand jahrelang keinen Partner hatte, ist der Wunsch verständlicherweise schon gross, nun endlich wieder einmal jemanden zu haben. Man sollte trotzdem versuchen, ohne ein konkretes Ziel auf andere zuzugehen und nicht in jeder Bekanntschaft einen potenziellen Partner zu sehen.

Bei Männern ist oft Folgendes zu hören: «Heute Abend hauen wir auf den Putz und reissen die Weiber auf!» Was dann folgt, ist eine unkontrollierte Bierorgie, wobei die Typen jede Frau, die das Lokal betritt, mit ihren Röntgenblicken förmlich ausziehen und dazu vielleicht noch irgendwelche zweideutigen Sprüche machen.

Ausnahmslos alle Frauen, mit denen ich gesprochen habe, versicherten mir, stark alkoholisierte Männer seien unattraktiv. Welche Frau möchte schon mit einem solchen Typen flirten?

Nichts gegen Alkohol. Man wird gelassener, verliert ein bisschen seine Hemmungen, aber bitte mit Mass!

Nimm dir nicht zu viel vor!

Übung macht den Meister, heisst es. Genau so verhält es sich mit dem Kontaktaufnehmen und dem Flirten. Niemand kauft sich eine Gitarre und gibt schon am nächsten Tag ein Konzert. Alles im Leben muss gelernt werden. Beim Flirten ist als Basis eine gewisse Grundsicherheit nötig. Ohne geht es nicht. Du kannst nicht heute scheu und morgen die kontaktfreudigste Person der Welt sein!

Am Anfang reicht es, kleine Schritte zu machen. Beginne, den Leuten auf der Strasse und überall in die Augen zu schauen. Du wirst feststellen, dass die Leute auch dich anschauen, was dir vorher vielleicht gar nicht aufgefallen ist.

Nun gut, was heisst das konkret?

Wenn dich jemand anschaut, auch wenn es nur während des Vorbeigehens in der Fussgängerzone geschieht, darfst du es als Erfolg werten. Es hätte ja sein können, dass diese Person nach deinem Anblick weggesehen hätte. Aber nein, sie hat genau DICH angeschaut! Das ist ein Erfolg!

Neigst du auch dazu, einige Dinge an deinem Aussehen und deiner Art zu bemängeln? Passt dir einiges an dir nicht?

Warum denn? Betrachte es mal so: Anscheinend ist dein Anblick nicht so schlimm, denn diese Person hat immerhin DICH angeschaut und niemanden sonst, also freue dich, es ist ein Pluspunkt für dich!

Mit der Zeit – und viele Augenkontakte später – wirst du dich viel besser fühlen, das garantiere ich dir! Diese einfachen, harmlosen Augenkontakte sind der Anfang des Flirtens.

Tu es, denn du kannst es!

Der/Die Traumpartner/in

Hast du eine Vorstellung von deinem/r Traumpartner/in? Super. Denkst du, dass du ihn/sie einmal treffen wirst? Ich hoffe es für dich, aber warte nicht zu lange, denn den perfekten Menschen gibt es nicht.

Verstehst du unter «Traumpartner/in», dass er/sie sehr gut aussehen, intelligent und erfolgreich im Beruf sein muss? Vielleicht auch noch vermögend? Dass er/sie dir jeden Wunsch von den Augen abliest, ist ja wohl klar. In diesem Falle dürftest du ziemlich lange warten müssen, bis du ihn/sie gefunden hast.

Lass es mich wissen, wenn es so weit ist.

Solltest du unter dem Begriff «Traumpartner» aber verstehen, dass es jemand sein muss, der zu dir passt, mit dem du dich sehr gut verstehst, dass ihr euch ergänzt und auch noch einige Hobbys und Interessen übereinstimmen sollten? Vom Aussehen her gesehen sollte es jemand sein, der auf sein gepflegtes Äusseres achtet? Dann bist du auf dem richtigen Weg. So jemanden zu finden, ist nämlich schon eher wahrscheinlich.

Überlege dir also einmal, ob du in gewissen Punkten vielleicht zu hohe Ansprüche hast, wenn es bis jetzt noch nicht so recht geklappt hat!

Zeige dich immer von deiner besten Seite!

Das ist einfacher gesagt als getan. Präsentierst du dich privat auch so wie bei der Arbeit? Die meisten haben im Berufsleben keine Probleme und geben sich so, wie sie sind. Kaum sind sie dann im Privatleben und gehen unter die Leute, fangen sie an, sich zu verstellen. Sie möchten möglichst «cool» sein und wirken dadurch eher abstossend.

Coole Männer vermitteln schnell den Eindruck, Aufreisser zu sein. Coolness mögen die Damen dieser Welt laut Umfragen übrigens gar nicht so an Männern. Da staunst du, was?

Frauen, die ein cooles Auftreten haben, gelten als eingebildet und hochnäsig. Das schreckt Männer ab. Also musst du als Frau dich so offen geben, dass man deine Kontaktfreudigkeit auch bemerkt.

Nun gibt es auch solche Zeitgenossen, die sich bewusst verstellen und sich immer wundern, weil sie die falschen Partner/innen kennen lernen.

Sandra, eine Kollegin von mir, war privat eine sehr angenehme und liebe Person. Ging sie aber am Wochenende aus, so stylte sie sich dermassen, dass sie auf Anhieb als «Tussi» abgestempelt wurde. Ihr Charakter veränderte sich auch, sobald sie unter die Leute ging. Sie war ein regelrechtes Party-Girl.

Auf diese Weise lernte sie jahrelang viele Männer kennen. Ich staunte jeweils nicht schlecht, als sie alle paar Wochen verkündete, sie habe wieder einen neuen Freund!

Ihrem Bruder beichtete sie dann eines Tages, sie leide darunter, immer nur kurze Beziehungen zu haben. Dieser gab ihr den guten Rat, sich doch so zu geben wie zu Hause, dann würde sich schon der Richtige finden.

Siehe da, sie veränderte ihr Wesen in der darauf folgenden Zeit und hatte ab diesem Zeitpunkt viel längere Beziehungen!

Ihre früheren Partner hatten sie eben nur als Party-Girl kennen gelernt und staunten dann später im Alltag nicht schlecht, als sie merkten, dass sie eigentlich sehr häuslich veranlagt war und sich nur so gab, wenn sie ausging. Diese Herren suchten jeweils schnell wieder das Weite!

Also aufgepasst! Es ist schon richtig, sich von seiner besten Seite zu zeigen. Die Gefahr dabei kennst du ja jetzt, nämlich, dass man sich dabei vielleicht verstellt.

Wenn du glaubst, dich perfekt geben zu müssen, bist du hauptsächlich damit beschäftigt, dich ins beste Licht zu rücken, und dir bleibt kaum Raum frei, um wahrzunehmen, welche Signale mögliche Flirtpartner/innen zu dir herübersenden!

Versuche also, möglichst natürlich zu bleiben, und kontrolliere manchmal selber, ob du dich verstellst!

Selbstvertrauen und Selbstachtung

Flirten ohne Selbstvertrauen und Selbstachtung funktioniert nicht! Sei dir deiner Stärken und Schwächen bewusst. So findest du zu mehr Selbstbewusstsein und Selbstvertrauen. Sei überzeugt von dem, was du tust, steh zu dir selber. Entwickle das «gewisse Etwas», innerlich wie äusserlich. Werde unverwechselbar, indem du deinen ganz persönlichen Stil entwickelst.

Weisst du, dass du eine attraktive Person und ein interessanter Mensch bist?

Nein?

Dann schreib es dir auf und lies es mehrmals täglich, bis du davon überzeugt bist – denn es ist so!

Weil sich viele Menschen an einem perfekten Masssystem messen, sind viele unzufrieden mit sich. Anscheinend ist es einfacher, nach «Gewinner» und «Verlierer» respektive «gut» oder «schlecht» zu urteilen, als seine eigene Persönlichkeit zu akzeptieren.

Ein gutes Beispiel dafür ist die Figur. So wie es uns die Werbung und die Medien diktieren, wollen wir aussehen. Also rackern wir uns in Fitnesscentern ab. Doch wenn ein paar Fettpölsterchen verschwunden sind, fühlen wir uns dann besser? Nein, wir finden immer irgendwas, das uns stört. Irgendwie sind wir nie richtig zufrieden.

Treibe in normalem Rahmen Sport. Das ist gut für dein Wohlbefinden, und dein Körper wird es dir ebenfalls danken. Wenn du dann aber immer noch da und dort ein oder zwei Zentimeter «Polster» zu viel hast, so betrachte es als Teil deiner Person und akzeptiere es.

Ich habe über einige Wochen hinweg häufig mit einer Verkäuferin in einem benachbarten Supermarkt geplaudert und geflirtet. Irgendwann habe ich bemerkt, dass ich nie darauf geachtet hatte, was für eine Figur die Dame hatte. Ich habe mich darauf konzentriert, um mich daran zu erinnern. Fehlanzeige. Das Gespräch und die Flirts mit ihr waren spassig und aufregend. Der Rest war egal. Ich war selber überrascht, dass ich nicht auf ihre Figur geachtet habe, da ich einem schönen «Figürchen» eigentlich nicht unbedingt abgeneigt bin ... Auch ich bin nur ein Mann!

Bist du gerne mit Leuten zusammen, die stetig wegen ihres Übergewichts jammern, ohne aber jemals etwas dagegen zu tun?

Eine Bekannte von mir fand, sie sei etwas zu dick. Über Jahre machte sie diverse Diäten. Mit sichtlichem Erfolg. Während den Diäten glaubte sie mir und ihren Bekannten nicht, wenn wir ihr sagten, sie verändere sich immer dabei, sie sei nicht dieselbe Person. Tatsächlich war sie gereizt und immer nervös, weil sie immer etwas Hunger hatte.

Nach Abschluss der Diäten war sie jeweils wieder die, wie sie ihr Kollegen- und Bekanntenkreis gerne hatte. Doch nach einigen Monaten – wenn sie wieder zugenommen hatte – ging es wieder von vorne los, wenn sie die nächste Diät startete.

Mit der Zeit merkte sie dann selber, dass sie sich während ihren Diäten veränderte, und liess es bleiben. Von da an trieb sie etwas Sport und achtete darauf, was sie ass, aber nicht so verbissen wie vorher.

Seither kann man sie als «schlank mit ein bisschen Bonus» bezeichnen. Sie ist zufrieden, so, wie sie ist, und strahlt diese Zufriedenheit auch aus. Ihre Lebensqualität ist drastisch gestiegen!

Darum merke dir: Die Art, wie du dich selbst betrachtest, beurteilst und behandelst, prägt in entscheidender Weise die Qualität deiner Beziehungen zu anderen. Also gönn dir zwischendurch auch mal etwas Gutes.

Weisst du eigentlich, wer du bist?
Ja natürlich, du bist der/die ... Aber weisst du es wirklich? Denk einmal über dich nach und erstelle ein Selbstbild. Mach es am besten schriftlich. Beschreibe dich, wie wenn du dich jemand anderem beschreiben müsstest. Schreibe alles nieder, was du in deiner Kindheit gemacht hast, in der Schulzeit, in der Ausbildung bis jetzt. Ebenfalls dürfen deine Vorstellungen von der Zukunft nicht fehlen. Zähle deine positiven und negativen Seiten auf. Wie verbringst du deine Freizeit alleine, wie mit Freunden?
Du wirst staunen, was alles dabei herauskommt. Du bist nicht einfach eine 08/15-Person, die morgens zur Arbeit geht und abends müde nach Hause kommt. Du bist einer von vielen Menschen auf dieser Erde mit einer ganz eigenen und einzigartigen Geschichte und Persönlichkeit. So wie du, ist niemand sonst. Du bist einzigartig.
Und weisst du, was es mit einzigartigen Leuten auf sich hat? Die muss man einfach kennen lernen!

Am besten stellst du dich mindestens einmal täglich vor den Spiegel und sagst laut zu dir: «Ich finde mich gut und fühle mich wohl. Ich bin einzigartig. Die anderen müssen mich kennen lernen!»

Keine Lust darauf, auszugehen?
Bringe dich in eine positive Stimmung!

Dass man sicherer und selbstbewusster auftritt, wenn man in einer guten Stimmung ist, weisst du sicher. In unserer stressigen Gesellschaft ist es aber nicht immer selbstverständlich, in guter Stimmung zu sein. Vielleicht ist man frustriert, weil man einen schlechten Arbeitstag hatte, müde nach Hause kommt und im Briefkasten nur Rechnungen findet. Daneben gibt es noch viele andere Gründe, nicht gut drauf zu sein. Dann bleiben viele einfach in ihrer Wohnung und sehen sich etwas im Fernsehen an. Dass man in diesem Falle eher wenig Leute kennen lernt, muss ich hier wohl nicht speziell erwähnen.

Na ja, die Snackindustrie freut sich sicher über einen grossen Umsatz, aber willst du wirklich Chips essend vor der Glotze deine Abende verbringen, nur weil du heute zu müde bist, um auszugehen? Schlaf doch einfach ein bis zwei Stunden und geh dann aus!

Ich bestreite nicht, dass es Situationen und Tage gibt, an denen man einfach keine Lust hat und lieber zuhause bleibt. Das lasse ich gelten. Natürlich gibt es auch gute Filme im Fernsehen, die man sich gerne anschaut. Ich möchte dir aber aufzeigen, wie du dich selber motivieren kannst, wenn du einmal nicht so gut drauf bist.

Bring dich in eine positive Stimmung, du wirst eine positive Ausstrahlung erlangen und viel besser auf andere wirken. Du kannst es!

Übrigens gibt es zahlreiche Bücher, Kurse und Seminare über dieses Thema, wie zum Beispiel «Positiv denken». Schau dich mal in einer Buchhandlung um oder lies die Kurs-/Seminarangebote in deiner Zeitung.

Hier einige Anregungen:
- Erstelle eine Liste mit deinen positiven Eigenschaften und lies sie dir jeden Tag einmal langsam und bewusst durch. Du kannst sie in deiner Brieftasche aufbewahren, musst sie also

nicht an deinem Arbeitsplatz aufhängen ... Wobei sicher interessant wäre, wie deine Arbeitskollegen/-innen darauf reagieren würden!

– Wenn du gefragt wirst: «Wie geht es dir?», so antworte stets mit «Gut, danke!», auch wenn es mal nicht so ist. Durch das blosse Aussprechen dieser Worte wirst du dich schon etwas besser fühlen. Sage dir auch immer wieder zwischendurch «Mir geht es gut. Ich bin zufrieden.» Du wirst staunen, was diese einfachen Worte bewirken können!

– Singe oder summe überall (beim Baden, Duschen, Abwaschen, Putzen usw.). Spielst du ein Instrument? Musik machen wirkt Wunder!

– Stell dich vor den Spiegel und rede mit dir selbst: «So, und nun gehe ich aus und amüsiere mich!»

– Nimm dir für dich selber Zeit, indem du etwas Feines kochst, danach einen guten Film anschaust, der dich wirklich interessiert, und anschliessend ausgehst! Mit einem «guten Film» meine ich nicht einfach vor dem Fernseher sitzen und zappen!

– Kauf dir etwas Schönes zum Aufstellen oder Anziehen.

– Trauere nicht vergangenen Beziehungen nach, sondern schaue voraus. Die Zukunft hat soeben begonnen!

– Du denkst, du wirst ja eh niemanden kennen lernen? Geh nicht mit diesem Gedanken aus, sondern geniess deine Single-Zeit und flirte drauflos! Auf gehts, du kannst es!

– Mache einen Waldspaziergang oder treibe Sport.

– Gönne dir ein Schaumbad mit einem wohlduftenden Badezusatz.

– Probier einen neuen Tee aus und lies ein interessantes Buch.

– Ruf jemanden an, von dem/der du weisst, dass ein Gespräch mit ihm/ihr dir sicher gut tun wird. Vielleicht kommt er/sie ja mit, und ihr geht zusammen aus? Hüte dich aber davor, gleich deinen ganzen Freundeskreis aufzubieten. Mehr als zwei Personen solltet ihr nicht sein, um nicht abschreckend auf Flirtversuche von aussen zu wirken!

Deine Stärken und Schwächen

Wenn du jetzt auf Anhieb deine starken und schwachen Eigenschaften aufzählen müsstest, so würdest du wahrscheinlich mehr Schwachpunkte als positive Eigenschaften finden. Sei jetzt nicht betrübt, wenn ich dir das einfach so unterstelle, aber den meisten Menschen würde es so ergehen.

Warum? Vielleicht liegt es daran, dass wir uns immer an anderen orientieren. Auch wenn wir es manchmal nicht zugeben wollen, wir haben so genannte «Vorbilder», die mehr schaden als nützen.

Wir sehen fern, lesen Magazine und Zeitungen und surfen im Internet. Überall begegnen uns diese gut aussehenden Topmodels, denen wir nachzueifern versuchen. Wir verpassen uns die gleichen Frisuren und Kleider. Auch die Figur muss natürlich so werden – also ab ins Fitnesscenter!

Indem wir uns darauf konzentrieren, so zu werden wie diese Schönheitsideale, vergessen wir, dass wir selber eine eigenständige Persönlichkeit haben, die erst einmal erkannt und dann gefördert werden will.

Also besinne dich einmal auf das, was du bist und kannst, was du schon alles geleistet hast und noch leisten willst. Du bist einmalig, wozu brauchst du Schönheitsideale?

Schön sein heisst gut aussehen. Das wiederum heisst nicht, dass Gesicht, Frisur und Figur perfekt sein müssen. Es soll genau zu dir und zu deinem Typ passen – dann bist du wirklich schön und strahlst diese Schönheit auch aus! Sicher kennst du den Spruch «Wahre Schönheit kommt von innen». Das stimmt. Lies ihn gleich nochmals. Es reicht allerdings nicht, ihn nur zu lesen. Nimm ihn in dich auf!

Merke: Jeder Mensch hat Stärken und Schwächen. Nur nehmen wir unsere schlechten Eigenschaften mehr wahr.

Für das Selbstvertrauen ist es sehr wichtig, nicht nur mit seinen Stärken, sondern auch mit seinen Schwächen gut umgehen zu können.

Hierzu gibt es folgende Lösungen:

1. Du stehst zu deinen Schwachpunkten und betrachtest diese als Teil deiner Persönlichkeit. So wird Schwäche in Stärke verwandelt!
2. Du erkennst deine Schwachpunkte und baust sie ab.
3. Diesen Punkt gibt es nicht mehr ... Er wäre gewesen: «weiter jammern», und das ist ab sofort verboten!

Um es noch einmal zu erwähnen, auch wenn du es schon öfters gehört hast: Niemand ist perfekt, also steh zu dir!

Was ist, wenn du einen Korb bekommst?

Auf diese Situation musst du dich einstellen. Sie wird sicher einmal eintreffen. Solange du freundlich bleibst, kannst du dir selber keine Vorwürfe machen.
Warum? Weil du die Gründe nicht kennst, weshalb man dich eben abgelehnt hat.
Oder kennst du die etwa? Denkst du, es liegt an deinem Aussehen? Bist du nicht attraktiv genug? Bist du zu dick oder zu dünn, zu klein oder zu gross, ist deine Nase zu lang oder hast du abstehende Ohren?

Das Wichtigste ist, das Ganze nicht persönlich zu nehmen, wenn du gerade einen Korb kassiert hast, denn negative Gedanken werfen dich wieder um Längen zurück und wirken sich störend auf dein Selbstvertrauen aus.

Vielleicht hat dein/e Flirtpartner/in nur gerade seinen/ihren Zug verpasst. Nun kommst du und sprichst ihn/sie an, und schon ist es passiert. In diese Mischung zwischen Wut und Enttäuschung platzt nun du hinein, bist freundlich und korrekt. Er/Sie ist nicht interessiert, sich mit dir zu unterhalten, und weist dich ab, vielleicht sogar auf eine unfreundliche Art. In einer anderen Situation hätte er/sie dich vielleicht nicht abgewiesen und sich mit dir unterhalten. Du warst eben einfach zur falschen Zeit am falschen Ort.

In diesem Fall kannst du wirklich nichts dafür, und es war eben Pech – dumm gelaufen, nicht mehr. Sag jetzt sofort zu dir, dass du alles richtig gemacht hast, sonst kommen die negativen Gedanken auf, und die sind Gift für deinen nächsten Flirt!

Stell dir vor, es gibt noch mindestens 999 andere Gründe, warum du abblitzen kannst. Das soll dir den Mut aber nicht nehmen. Wie gesagt, wenn du alles richtig gemacht hast, ist es einfach so – basta!

Verabschiede dich freundlich und ziehe dich zurück. Du kannst nicht jederzeit jedem oder jeder gefallen, dir selber aber schon!

Stell dir mal eine Schnecke vor, der man an die Fühler fasst. Gibt sie auf? Nein, nach einer Weile kriecht sie weiter, bis sie wieder irgendwo anstösst. Wieder zieht sie ihre Fühler ein, und schon bald gehts wieder von vorne los. Sie wird nie aufgeben!

Genau gleich ist es beim Flirten. Zwischendurch wirst du Rückschläge ertragen müssen, aber du wirst es immer wieder probieren. Jedes Mal lernst du dazu und wirst diese Erfahrungen später verwenden können. Richtig gescheitert bist du erst, wenn du kapitulierst und es nicht mehr versuchst!

Hast du schon einmal das Gefühl gehabt, alle flirten mit allen, nur du wirst in diesem Lokal irgendwie ausgelassen? Das täuscht. Pass auf, die negativen Gedanken machen sich anscheinend schon in deinem Kopf breit. Verjage sie!

Es gibt übrigens noch einen ganz einfachen Grund dafür, dass nicht gleich alle Leute, denen du begegnest, mit dir einen angeregten Flirt starten wollen. Und das nicht, weil etwas an dir nicht stimmt. Hast du schon einmal bemerkt, dass nicht jede/r, dem/der du begegnest, dein Typ ist? Stimmt doch, oder? Siehst du, so ergeht es anderen mit dir vielleicht auch. Das ist völlig natürlich, ist nicht schlimm und hat überhaupt nichts mit dir oder deiner Persönlichkeit zu tun!

Willst du noch etwas Kurioses hören?
    Viele so genannt «schönen» Leute klagen über Einsamkeit, weil sie durch ihre Schönheit richtiggehend abschreckend auf andere wirken.
    Wenn ein Mann eine solche Superfrau sieht, möchte er sie vielleicht beflirten und ansprechen, überlegt es sich dann aber anders, weil er denkt, so eine möchte sich sicher mit einem Mann ihrer Klasse unterhalten und eben – so eine hat sicher schon einen Partner.
    In Interviews mit Models, Film- und Fernsehstars staunt man manchmal nicht schlecht, wenn sie erzählen, sie hätten keine/n Partner/in. Man versteht die Welt nicht mehr, das kann doch nicht sein!
    Doch, es kann. Denn Schönheit kann auch hinderlich sein. Gerade bei perfekt gestylten Frauen geht manchmal die Ausstrahlung unter, und sie wirken eher als Gesamtkunstwerk, so dass man es gerne anschaut, sich aber nicht hingetraut.

Du bist noch gar nicht abgewiesen worden, sondern hast Angst, überhaupt zu flirten und auf andere zuzugehen? Bedenke, dass Ängste meist auf Vorurteilen und Ausreden beruhen. Wenn du zu dir ehrlich bist, wirst du feststellen, dass es eigentlich gar keine Gründe gibt, nicht zu flirten und mit den anderen in Kontakt zu treten. Denn du kannst es!

Sollten doch einmal negative Gedanken aufkommen, dann widme deine Aufmerksamkeit etwas Angenehmerem. Deinem Glas Wein, dem Essen, anderen Leuten usw. Sage dir immer wieder: «Es macht mir Spass, hier unter den Leuten zu sein, und ich fühle mich wohl!»

Auch ich sage das zu mir, falls ich einmal unsicher bin und mich nicht so gut fühle. Ich kann dir versichern: Es wirkt!

Kennst du folgende Situation? Auf der Party sprichst du ganz normal, selbstsicher und gelassen mit den dir bekannten Leuten.

Dabei bemerkst du eine Person, die du recht attraktiv findest. Du wünschst dir insgeheim, mit dieser Person sprechen zu können. Zwanzig Minuten später gehst du schnell auf den Balkon an die frische Luft, und wer steht da ganz alleine ...?

Jetzt gehts los!

Er/Sie sagt «hallo», und dann ist es schon passiert. Du möchtest eigentlich gerne mit ihm/ihr plaudern, ihr wärt sogar alleine, aber du hast plötzlich das Gefühl, jemand schnüre dir die Kehle zu, und du bringst kein Wort heraus!

Tja, wenn du dir jetzt nicht sofort klar darüber wirst, dass du einem Menschen gegenüberstehst, der – wie du – positive und negative Eigenschaften hat, also gleich wie du ist, und du dich nicht sofort mit ihm/ihr unterhältst, dann ist dieser Flirt vielleicht schon vorbei, bevor er richtig angefangen hat.

Dass du nervös bist, ist völlig normal. Versuch mal, diese Nervosität als notwendig anzusehen – ohne würde es jetzt nämlich nicht kribbeln, und die ganze Situation wäre doch todlangweilig!

Nimm die Situation als Anhaltspunkt für eine Gesprächseinleitung. Es wird dir sicher etwas einfallen!

Ihr habt doch eure Gläser dabei? Dann stosst damit an und stellt euch vor. Du beginnst, über die Party zu sprechen. Frag dein Gegenüber, in welcher Beziehung er/sie zum Gastgeber steht, du selber würdest ihn/sie seit deiner Schulzeit kennen usw.!

Bleib ruhig, und ohne dass du es bemerkst, wirst du deine unbegründeten Ängste und Vorurteile verlieren und dich mit ihm/ihr in ein interessantes Gespräch vertiefen ...

Ausreden und Einwände, warum Flirts nicht möglich sind

Bei vielen Leuten ist punkto Kreativität nicht viel los, es sei denn, es handle sich darum, Ausreden und Einwände zu haben, warum sie gerade jetzt nicht auf jemanden zugehen können. Hier sprühen manche regelrecht vor Einfallsreichtum.

Die wohl bekannteste Ausrede ist: «Ich habe den/die richtige/n Partner/in noch nicht gefunden.»

Wartest du etwa auch auf den todsicheren Augenblick oder bis das Schicksal um die Ecke kommt und zuschlägt? Vielleicht kennst du folgende Situationen: Hat sich nicht der passende Moment ergeben, weil gerade nicht die richtigen Leute da waren? Warst du vor einer Stunde noch hochmotiviert, aber da du bis jetzt noch nicht geflirtet und niemanden kennen gelernt hast, denkst du dir, dass du heute nicht so gut drauf bist? Dir gefällt jemand, aber diese Person steht in einer Gruppe? Dir wäre es peinlich, wenn die anderen etwas von deinem Flirt mitbekommen würden?

Sei ehrlich zu dir, es sind nur Ausreden!

Willst du noch ein paar beliebte Ausreden hören, warum man gerade nicht flirten kann?

– Heute ist hier einfach nichts los.
– Der/Die hat doch sowieso kein Interesse an mir.
– Er/Sie passt irgendwie nicht zu mir.
– Heute ist es einfach zu kalt/heiss/nass/trocken/windig.
– Hier ist die Musik so laut, dass man sowieso nichts versteht.
– Ich habs doch nicht nötig, jemanden anzusprechen.
– Eigentlich habe ich ja nur noch eine halbe Stunde Zeit – zuwenig zum Flirten!
– Ich habe zu wenig Geld dabei, um die Frau zu einem Drink einzuladen.
– Der/Die hat sicher schon eine/n Freund/in.
– Ich sehe zu wenig gut aus für so eine/n Supermann/-frau.

- Irgendwie bin ich heute zu müde.
- Ich habe keinen coolen Spruch auf Lager, um die Person für mich zu gewinnen.
- Ich warte lieber auf den Zufall, der mich mit meinem/meiner Partner/in zusammenführt.
- Wenn ich abgewiesen werde, mache ich mich lächerlich.
- Was sollen die Leute denken?
- Ich bin so beschäftigt, dass ich keine Zeit zum Flirten habe.

Schmunzeln muss ich jeweils, wenn mir jemand erzählt: «Ich bin gerne Single» …! Kurz nach einer Beziehung lasse ich das gelten, nicht aber nach längerer Zeit des Single-Daseins. So jemand hat sich nämlich schon aufgegeben und redet sich ein, gerne alleine zu sein.

Diese Lösung ist wirklich einfacher, als aktiv auf Partnersuche zu gehen!

Jetzt einmal Hand aufs Herz: Sind das alles wirklich Gründe, um nicht auf andere zuzugehen, Kontakt aufzunehmen und mit ihnen zu flirten? Nein!

Dürfen Frauen den ersten Schritt machen?

Vor nicht allzu langer Zeit war es noch unanständig, wenn eine Frau einen Mann ansprach. Da hatten noch die Männer die Damen anzusprechen, oder sie liessen es bleiben! Heute ist das zum Glück etwas anders. Moment, ich weiss, es gibt immer noch (zu viele) Frauen, die mit der Einstellung durchs Leben gehen, wenn ein Mann etwas von ihr wolle, soll er gefälligst den ersten Schritt tun!

«Und überhaupt, ich kann doch als Frau nicht einfach einen Mann ansprechen. Der denkt sich ja, ich sei ein Flittchen und leicht zu haben. Das habe ich doch nicht nötig!»

Zugegeben, etwas selten ist es schon, wenn eine Frau den Mann anspricht. Ich denke mir aber, wenn sie es tut, wird er so angenehm überrascht sein, dass er gar nicht auf dumme Gedanken kommt!

Immer wieder trifft man auf Frauen, die es gut finden, in der heutigen Zeit auch auf Männer zugehen zu können. Meine Frage ist, liebe/r Leser/in: Kennst du viele solche? Vermutlich nicht.

Meine Botschaft lautet demzufolge: Studiert nicht lange herum, liebe Damen. Was kann schon schief gehen?

Der Grund, warum ein Mann über den Augenkontakt nicht hinauskommt und sich nicht zu ihr hin getraut, kann ganz einfach sein: Es gibt auch scheue Männer! Dies bestätigen mir immer wieder die männlichen Kursbesucher. Viele sagen, sie würden sich nicht getrauen und wären froh, wenn die Dame auch mal die Initiative ergreifen würde.

Die Wahrscheinlichkeit, als Frau einen Korb zu bekommen, ist übrigens viel kleiner als bei Männern, die Frauen beflirten! Na, liebe Damen, ist das genug Motivation? Ihr schafft es!

Wenn mir jemand, den ich kenne, beim Flirten zusieht oder zuhört?

Dann geht die Welt unter!

Nein, mal ernsthaft. Hast du etwas zu verbergen? Was denn, bitte schön? Deine Gefühle vielleicht? Muss man sich dafür schämen, wenn man sich zu einer Person hingezogen fühlt? Ich weiss, wenn einem andere zusehen oder zuhören, ist es schon peinlich, besonders wenn man abblitzt. Man ist nervös, die Knie werden weich, und im Hintergrund amüsieren sich noch die Kollegen/-innen über einen. Es gibt wirklich angenehmere Situationen!

Überlege es dir einmal: Ist es denn wirklich so schlimm? Oder sogar verboten?

Nein!

Dass du deinem/deiner Flirtpartner/in nicht lautstark die intimsten Dinge verrätst und ihm/ihr die persönlichsten Komplimente machst, wenn andere Leute in der Nähe sind, ist doch wohl klar!

Schau dir die Sache von einer anderen Seite an. Wer über deinen Flirtversuch dumme Sprüche reisst, egal ob du Erfolg hast oder nicht, der/die hat nur selber nicht den Mut dazu, um es zu versuchen. Du jedoch hast es getan. Das heisst: ein Punkt für dich!

Wenn du dich wirklich für dein Gegenüber interessierst, kann es dir eigentlich ziemlich egal sein, was dein Umfeld über dich und deine Flirts denkt.

Anstand und Umgangsfomen

Du musst jetzt nicht gerade in die nächste Benimmschule rennen. Ich nehme mal an, du beherrschst gewisse Anstandsregeln und weisst, was sich gehört. Wenn es dich aber interessiert, dann geh doch in so ein Benimmseminar – man lernt ja nie aus! Andernfalls sei einfach zuvorkommend und freundlich, dann erreichst du schon sehr viel.

Halte als Mann der Dame die Autotüre auf oder hilf ihr in ihren Mantel. Frauen mögen es, umschwärmt zu werden. Sei ein Gentleman. Das kommt immer gut an. Entgegen manchen Meinungen schätzen das die meisten Frauen immer noch. Logisch, dass du es nicht übertreiben sollst!

Dass es auch mal anders sein kann, erzählte mir einmal ein Kursbesucher, der einer Dame die Türe aufhalten wollte, worauf die ihm ziemlich unfreundlich zu verstehen gab, sie könne das auch selber ... Es habe ihm schon einige Zeit zu denken gegeben, doch zum Schluss habe er sich gesagt: «Was solls? Die meisten Damen sind ja nicht so. Und überhaupt war ich freundlich.»

Richtig!

Er hatte die richtige Einstellung. Freundlich, korrekt und anständig bleiben. Wenn die andere Person nicht will, dann soll sie es eben sein lassen. Das Schlimmste, was passieren kann, ist, dass eben nichts passiert!

Hier noch ein wichtiger Tipp: Sprich nie jemanden von hinten an, das hat irgendwie den Charakter eines Überfalls ... Tu es möglichst von vorne. Seitwärts jemanden ansprechen, gilt nicht unbedingt als ideal, ist aber manchmal unumgänglich, zum Beispiel an einer Bar.

Trainiere dir einen freundlichen Gesichtsausdruck an. Stell dich vor einen Spiegel und fange mit Grimassen an, um deine Gesichtsmuskeln etwas zu lockern. Gehe dazu über, lächeln zu üben, indem du dir verschiedene positive Situationen vorstellst, in die du geraten kannst. Angenommen, jemand schaut dich an. Du sollst jetzt zurückschauen und etwas lächeln! Wie wäre es, wenn du dir folgende Situation vorstellst: Du hast jemanden entdeckt und möchtest diese Person per Blickkontakt auf dich aufmerksam machen. Wie würdest du zu ihm/ihr hinschauen?

Vielleicht findest du diese Übung etwas abwegig. Auch in meinen Flirtkursen wird jeweils darüber geschmunzelt. Versuch es trotzdem, denn du wirst merken, dass es etwas bewirkt und dass auch du auf ganz verschiedene Arten schauen und lächeln kannst!

Sich die Hand geben – der Händedruck

Hast du schon einmal darauf geachtet, wie fest dir jemand beim Händeschütteln die Hand drückt? Ist dir dabei aufgefallen, dass es sich bei manchen Leuten anfühlt, als wenn du einen Schwamm drücken würdest? Was fühlst du dabei? Sicher gibst du auch lieber jemandem die Hand, der einen mittleren, festen und angenehmen Druck auf deine Hand ausübt.

Vielleicht denkst du jetzt «Was soll das mit Flirten zu haben?». So unbedeutend ist das Ganze eben gar nicht. Sowohl bei Privatkontakten als auch im Berufsleben ist es von Vorteil, einen bestimmten und angenehm starken Händedruck zu haben. Das hinterlässt einen wesentlich besseren Eindruck auf die andere Person. Aber bitte nicht quetschen! Sehr wichtig: Schau den Leuten dabei immer in die Augen.

Vielleicht gehörst du zu den Leuten, die immer kalte Hände haben – egal, ob Sommer oder Winter. Dann warne dein Gegenüber, kurz bevor du ihm/ihr die Hand schüttelst, mit einem «Achtung, kalte Hände!». Oder wie wärs, wenn du ihn/sie gleich fragst: «Du hast so schön warme Hände, kannst du mir einen Tipp geben, wie ich auch solche bekomme? Vielleicht hilft es, wenn wir ins nächste Lokal gehen und etwas Warmes trinken…?»

Leidest du unter feuchten Händen? Dann weisst du sicher aus Erfahrung, dass dies meist für beide Seiten unangenehm ist. Ein Tipp: Fass dir kurz vor dem Händeschütteln schnell unauffällig an die Hose oder an die Jacke, dann ist die Sache nur noch halb so schlimm.

«Sie» oder «du»?

Grundsätzlich kommt es auf die Situation und das Alter der entsprechenden Personen an. Unter jüngeren Leuten ist «du» selbstverständlich. Wenn du auf der Strasse jemanden ansprichst, stellt sich wieder die gleiche Frage: «Sie» oder «du»? Ich glaube, wenn ihr beide nicht gerade 17 Jahre alt seid, sondern schon ein paar Jahre mehr auf dem Buckel habt, ist ein «Sie» angebracht. Muss aber nicht.

Toll, was denn nun? Ich möchte damit sagen, dass es kein bestimmtes Alter gibt, wo man auf «Sie» umstellen sollte. Schliesslich wird auch in einem Senioren-Tennisclub auf Anhieb geduzt – oder auch nicht.

Willst du eine genauere Antwort? Nach einem «Sie» kannst du mit deinem/r Flirtpartner/in noch persönlicher werden und auf ein «Du» umstellen. Umgekehrt funktioniert es aber nicht …!

Verlass dich auf dein Gefühl, und es wird schon das Richtige dabei herauskommen!

Merk dir den Namen deines Gegenübers!

Vielleicht hast du es schon bewusst oder unbewusst wahrgenommen. Es ist sehr angenehm, wenn jemand deinen Namen ausspricht. Stimmts? Denn grundsätzlich hört jeder gerne seinen Namen.

Grüsse alle Leute immer mit ihrem Namen. Angenommen du bist eine Frau und heisst Nicole. Du magst es sicher lieber, wenn jemand zu dir sagt: «Hallo, Nicole» als nur «hallo».

Stelle dich mit Vornamen und Namen vor. Wenn sich jemand bei dir vorstellt, dann merke dir unbedingt den Namen. Spätestens beim Verabschieden wird diese Person auf dich aufmerksam, weil du dich noch an ihren Namen erinnern kannst. Dein Gegenüber denkt sich: «Oh, anscheinend habe ich interessant auf ihn/sie gewirkt, er/sie hat sich meinen Namen gemerkt!»

Also, es heisst: «Es war nett, mit ihnen zu plaudern, Frau Meier» und nicht: «Es war nett, mit Ihnen zu plaudern – auf Wiedersehen!»

Diese Regel gilt allerdings auch im Geschäftsleben, wenn du zum Beispiel mit Kunden in Kontakt kommst.

Bist du intelligent?

Schön für dich. Aber behalte es noch ein wenig für dich. Wenn du jemanden kennen gelernt hast und du zum Beispiel mit ihm/ihr über Griechenland diskutierst, solltest du zuerst ein bisschen oberflächlich bleiben. Schütte dein Gegenüber nicht mit Informationen zu. Ist ja gut und recht, wenn du so viel über Griechenland weisst, aber wenn das Gespräch einseitig läuft und nur du referierst, dann wird sich dein/e Flirtpartner/in ein bisschen dumm vorkommen oder du wirst für jemanden gehalten, der es nötig hat, mit seinem Wissen zu prahlen.

Angenommen du merkst, dass dein Gegenüber auch an einer intensiven Diskussion über Griechenlands Kulturgeschichte interessiert ist, dann steht einem interessanten Gespräch allerdings nichts mehr im Wege. Aber aufgepasst: Wenn ihr nur noch «fachsimpelt», besteht die Gefahr, dass ihr etwas vergesst. Ihr zwei sollt flirten!

Was ist, wenn sich meine auserwählte Person in einer Gruppe aufhält?

Zugegeben, das ist eine der schwersten Situationen. Denn Gruppen wirken sich abschreckend auf Flirts aus. Sie sind regelrechte Flirtkiller.

Paare
Angenommen, du hast ein Pärchen erspäht und interessierst dich für ihn oder sie. Kann das überhaupt sein, ist es nicht ausweglos, da es sich hier ja um ein Pärchen handelt? Im ersten Augenblick ja. Aber bist du nicht auch schon einmal mit einem Kollegen oder einer Kollegin ausgegangen und ihr beide wart kein Paar? Siehst du, so kann es auch bei anderen sein!

Wahrscheinlich wirst du zuerst einige Male Augenkontakt aufnehmen. Vergiss nicht, dabei zu lächeln! Und lächeln kannst du ja, du hast es schliesslich vor dem Spiegel trainiert. Wenn du das Gefühl hast, auf Interesse gestossen zu sein, dann kannst du auf jeden Fall schon einmal annehmen, dass die beiden eventuell kein Pärchen sind. Warum sonst würde dich die Person wohl so intensiv mittels Blickkontakt beflirten?

Versuche anschliessend, dich in die Nähe zu begeben, um bei deren Gespräch mitzuhören. Das kann Aufschluss darüber geben, ob die beiden zusammengehören. Das funktioniert natürlich nicht in jeder Situation und an jedem Ort. Verständlicherweise können dir Hindernisse in den Weg gelegt werden wie laute Musik oder die Art der Lokaleinrichtung, die ein Näherkommen verunmöglichen.

Achte darauf, wenn der/die Begleiter/in deines «Flirtopfers» zur Toilette geht, ob er/sie nun noch intensiver mit dir flirtet oder nicht. Wenn ja, bist du auf dem richtigen Weg. Bleibt nur noch die Schwierigkeit, mit ihm/ihr in Kontakt zu kommen. Und das wird wirklich recht schwierig werden.

Du kannst dich natürlich damit begnügen, eben nur einen Augenflirt gehabt zu haben und diesen auch als Erfolg zu werten. Es tut dir sicher gut, wenn dich jemand anschaut und sich für dich interessiert, nur wünschst du dir verständlicherweise ein Näherkommen mit deinem/r Flirtpartner/in.

Viele Möglichkeiten hast du allerdings nicht in dieser Situation, denn, wie schon gesagt: Leute, die sich in Gruppen aufhalten, wirken nicht gerade einladend auf Flirts. Auf gut Deutsch gesagt: Es sieht düster aus.

Nun will ich den Teufel nicht an die Wand malen. Eine Möglichkeit besteht darin, abzuwarten, bis er/sie auch einmal zur Toilette geht, um ihm/ihr dann zu folgen. Vielfach sind die Telefone und die Zigarettenautomaten in der Nähe der Toiletten.

Was hindert dich also daran, so zu tun, als würdest du telefonieren, um genau in dem Augenblick, in dem er/sie aus der Toilette herauskommt, damit aufzuhören, zu ihm/ihr hinzuschauen und einfach «hallo» zu sagen?

Oder wie wärs damit: «Du hast so intensiv zu mir herüber geschaut. Was sagt dein/e Freund/in dazu, wenn er/sie es merkt ...?» Mit dieser Frage findest du ziemlich schnell heraus, ob dein Gegenüber schon vergeben ist oder ob es sich bei ihrem/seiner Begleiter/in nur um eine/n Kollegen/-in handelt.

Eine andere Möglichkeit sehe ich nicht, mit dieser Person in Kontakt zu kommen. Ausser du überwindest dich, einfach ins kalte Wasser zu springen, hinzugehen und die Person anzusprechen oder deinen Namen sowie Telefonnummer auf einen Zettel zu schreiben und ihm/ihr in einem günstigen Augenblick zuzustecken. Mehr als schief gehen kann es nicht.

Gruppen
Ähnlich wie oben verhält es sich mit grösseren geschlossenen Gruppen. Der Erstkontakt wird auch hier am idealsten mittels Blickkontakt hergestellt. Auch hier versuchst du, in die Nähe der Gruppe zu kommen, um etwas zu erlauschen. Wenn das Thema

ideal ist, um etwas dazu zu sagen, dann tu es! Pass aber auf, du sollst dich einbringen, nicht einmischen! «Entschuldigung, ich habe zufällig mitgehört. Ich weiss, was mit … gemeint ist, nämlich …» So oder ähnlich kann das gehen. Wenn du dich freundlich ins Gespräch einklinkst, dann wirst du sicher gleich aufgenommen. Spiel aber nicht den Besserwisser!

Auf jeden Fall solltest du dich schnellstens deinem/deiner Flirtpartner/in zuwenden, zum Beispiel indem du fragst, was er/sie denn zu diesem Thema meint.

Wie auch schon erwähnt, besteht die Möglichkeit, ihm/ihr zur Toilette zu folgen und dann so bei einem «zufälligen» Treffen das Gespräch zu suchen.

Auch du wirst irgendwann in einer Gruppe sein und von aussen beflirtet werden. Nun stellt sich für diese ausserhalb stehende Person die Frage, wie er/sie dich kennen lernen kann. Jetzt bist du gefordert. Signalisiere ihm/ihr wiederum mit intensiven Blicken, dass du Interesse hast, und sei ihm/ihr etwas behilflich. Genau wie du es auch erwarten würdest. Mache eindeutige Zeichen, dass er/sie zur Toilette mitkommen soll – natürlich nicht, ohne zu lächeln –, und triff dich dann dort mit ihm/ihr.

In Anbetracht der Tatsache, dass ein Flirt dieser Art sehr schwierig ist, ist kaum anzunehmen, dass er/sie zu dir kommen wird. Also wage es und mach den ersten Schritt.

Ich weiss, dass du es kannst!

Damit alle diese Probleme und Schwierigkeiten erst gar nicht entstehen, wäre es besser, wenn niemand in grösseren Gruppen ausgehen würde. Ich denke, zu zweit ist es in Ordnung. Vielleicht kann man ja vorher vereinbaren, wie man wieder nach Hause kommt, wenn eine Person jemanden trifft und sich mit ihm/ihr absetzen möchte. Das verhindert Streit.

Ist es nicht vermeidbar, in Gruppen von mehreren Personen auszugehen, dann halte wenigstens Ausschau nach Personen, die an dir interessiert sind und die sich einfach nicht trauen, dich anzusprechen.

Sprache und Körpersprache

Hier unterscheidet man zwischen verbalen und nonverbalen Ausdrucksformen. Wir flirten bewusst mittels Sprache und mehr oder weniger unbewusst mittels Körpersprache. Der Körper spricht immer, egal in welcher Situation. Er sendet immer gewisse Signale aus, die positiv oder leider manchmal auch negativ auf andere wirken können.

Wenn du dich also verbal ausdrückst, kommt es nicht so darauf an, was du sagst, sondern eher, wie du es tust. Sprich ruhig und klar und fuchtle nicht mit deinen Händen und Armen in der Luft herum. Eine ruhige und klare Sprache kannst du dir übrigens auch selbst aneignen. Nimm dich dazu selber auf ein Tonband auf und höre dich ab.

Wie erwähnt, «sprichst» du auch mit deinem Körper. Du musst aber darauf achten, dass du nicht falsche Signale aussendest. Ein kleines Beispiel: Geh aufrecht und verschränke nicht die Arme vor der Brust, auch wenn es noch so bequem ist. Mit Letzterem signalisierst du nämlich «Achtung, an mich kommt keiner ran!» oder «Ich möchte gerne alleine bleiben!».

Gut, aber wohin denn nun mit den Armen? Stell dir vor, das ist tatsächlich ein verbreitetes Problem. Lehne dich mit einem Arm an der Theke, dem Sessel oder dem Stuhl an. Nichts zum Anlehnen da? Dann ergreife ein «Spielzeug» wie ein Glas, einen Kugelschreiber, ein Feuerzeug, einen Bierdeckel usw. Sofern du in einer Situation stehen solltest, dann hänge dich mit einem Finger lässig in der vorderen oder hinteren Hostentasche ein. Wenn es möglich ist, nicht gleich die ganze Hand bis zum Handgelenk in den Hosentaschen versenken!

Rauchst du? Warum eigentlich? Aus Nervosität? Weil sich die Zigaratte gut als Objekt eignet, um sich daran festzuhalten? Könnte doch sein, oder?

Du musst dir bewusst sein, dass du als Raucher/in eine beträchtliche Anzahl in Frage kommender Flirtpartner ausgrenzt, weil du auf diese mit dem Glimmstengel in der Hand abschreckend wirkst. Als Raucher kann man sich eine/n Partner/in, der/die nicht raucht, durchaus vorstellen. Aber umgekehrt? Vielleicht ein Grund für dich, um mit dem Rauchen aufzuhören?

Körperkontakt beim Flirten

Nun renn bloss nicht los und umarme jede/n! Vielmehr geht es beim Thema Körperkontakt um kleine, aber feine Berührungen, die bewusst oder unbewusst ausgeführt werden.

Wenn du dir Feuer geben lässt, so kannst du zum Beispiel, während du dir die Zigarette anzündest, die Hand des/r Spenders/in fein halten. Das wirkt nicht aufdringlich und dient schliesslich «nur» dazu, dass er/sie mit dem Feuerzeug nicht wackelt ...

An der Kasse legst du das Geld der Kassiererin oder dem Kassierer so in die Hand, dass du diese leicht berührst. Stell dir vor, es gibt tatsächlich Leute, die sich genau in dieser Situation alle erdenkliche Mühe geben, um ja die Hand des/der Kassierers/in nicht zu berühren! Warum eigentlich? Darüber kann man sich den Kopf zerbrechen – das ist eine Möglichkeit. Man kann sich diese dumme Angewohnheit aber auch abgewöhnen.

Wenn du mit jemandem im Gespräch bist, stupse dein Gegenüber doch mal an: «Du, weisst du schon das Neueste ...?» Diese Art von Berührung wird als angenehm und nicht als aufdringlich empfunden. Solltest du zu diesen Zeitgenossen gehören, die lieber woanders hinfassen, dann lass dir hier eines gesagt sein: Hände weg! Ich habe bis jetzt von keiner Frau gehört, die sich gerne begrapschen lässt.

Wenn du deinem/r Flirtpartner/in an der Bar gegenübersitzt und ihr euch beide mit einem Arm auf der Bar abstützt, dann berühre in einem geeigneten Moment – vielleicht, wenn ihr beide über etwas lacht – seine/ihre Hand. Daraus ist gut ersichtlich, wie stark das Vertrauensverhältnis zu dir ist. Zieht er/sie seine/ihre Hand zurück, dann ist er/sie vielleicht nicht interessiert oder es geht ihm/ihr zu schnell.

Achte auch darauf, ob dein/e Flirtpartner/in während des Gesprächs näher rückt, dir zu- oder abgewandt sitzt. Hast du bemerkt, dass ihr beide manchmal gleichzeitig zum Glas greift, um zu trinken? Dieses Verhalten wird viel beobachtet, wenn zwei Menschen sich mögen. Natürlich sind sie keine Garantie dafür, um jetzt zu hundert Prozent daraus Schlüsse zu ziehen; trotzdem sind diese Anzeichen nicht zu unterschätzen.

Übrigens, beobachtest du gerne Menschen? Noch nicht? Dann solltest du dir das schleunigst angewöhnen, denn daraus lernt man sehr viel, ohne viel dafür zu unternehmen. Achte darauf, wie sich die anderen unterhalten, wie sie miteinander umgehen, oder eben, wie sie miteinander flirten. Das ist manchmal so interessant, dass man selber das Flirten ganz vergisst!

Du hast dich mit deiner Eroberung verabredet und er/sie hat dich zum Abschied geküsst? Einmal auf die Wange, auf die Lippen oder in gewohnter «Bussi-Bussi-Manier»? Vorsicht, dieses «Bussi-Bussi» birgt Gefahren. Einerseits ist es für die einen selbstverständlich, so alle zu begrüssen und zu verabschieden. Andererseits wird es von jemandem, der sich nicht daran gewöhnt ist, vielleicht missverstanden.

Hast du hingegen einen Kuss auf die Wange bekommen? Dann bist du deinem Gegenüber sicher sehr sympathisch. Mehr würde ich mir noch nicht einbilden. Aber es kann ja noch werden ...

Solltest du in der glücklichen Lage sein, einen Kuss auf die Lippen bekommen zu haben, muss ich wohl nicht mehr viel dazu sagen. Herzlichen Glückwunsch.

Körperpflege

Eigentlich sollte das ja kein Thema sein, aber ich möchte es hier doch erwähnen.

Dass man täglich duschen oder baden soll, ist dir sicher klar. Dabei ist es nicht unbedingt nötig, immer ein Duschgel zu benützen. Auch nur mit Wasser stinkt man nachher sicher nicht mehr.

Zudem wissen wir heute, wie sich zu viele Duschgels, Seifen usw. auf die Haut auswirken. Sie trocknen die Haut aus und diese wird schuppig, empfindlicher. Was das alles zur Folge haben kann, hast du sicher auch schon gehört: Ekzeme, Ausschläge, Allergien usw. Auch hier gilt: Übertreibe es nicht mit Dusch- und Badezusätzen!

Wie du deine Haare zu pflegen hast, weisst du sicher. Für jede Art von Haaren gibt es entsprechende Shampoos. Gegen Schuppen hilft ein Schuppenshampoo, oder beim Haarewaschen mit einem «normalen» Shampoo massierst du dieses einfach besser ein. Das bewirkt manchmal Wunder!

Sei bitte etwas sparsam mit anderen Duftprodukten wie Parfums oder Deos. Gut zu riechen ist schön, aber übertreibe es nicht. Bei den Deos gibt es heute gute Produkte, die nicht einfach den Schweissgeruch mit ihrem eigenen Parfumgeruch überdecken und dadurch ein herrliches Gemisch abgeben, sondern wirklich das Schwitzen unter den Armen einschränken oder sogar unterdrücken. Meine persönlichen Lieblingsdeos sind die, die nützen, aber selber nicht duften. Somit kann man zusätzlich noch ein dezentes Parfum benützen, das dann richtig zur Geltung kommt.

Sich die Zähne zu putzen, reicht manchmal nicht. Benütze doch vielleicht zusätzlich noch ein Mundwasser oder nimm dir für unterwegs sicherheitshalber einige erfrischende Bonbons oder Kaugummi mit. Steck dir einen oder zwei Zahnstocher in die Brieftasche oder in die Jacke. Geh im Lokal nach dem Essen schnell zur Toilette und entferne dort die Essensreste. Natürlich kannst du das auch am Tisch tun, dann gehört allerdings die andere Hand vor den Mund, um deine «Arbeit» mit dem Zahnstocher zu verdecken. Dein Gegenüber muss ja nicht alle Details davon mitbekommen.

Trotzdem solltest du nachher schnell die Toilette aufsuchen, um es zu kontrollieren. Stehst du nicht auf Zahnstocher? Dann gewöhne dir deren Benützung schnell an. Ein kleines Beispiel: Hast du schon mal jemandem, der gerade Spinat gegessen hat, auf die Zähne geschaut? Kein weiterer Kommentar.

Als Frau weiss man sicher, wie oft man Finger- und Zehennägel schneidet und pflegt. Für die Männer: schneiden, putzen, feilen. Und zwar mindestens einmal pro Woche. Ja, auch feilen gehört dazu, denn mit diesem minimalen Aufwand sehen die Dinger richtig gepflegt aus.

Ach ja, Männer rasieren sich täglich. Laut Umfragen bevorzugen Frauen rasierte Männer am meisten. Auf Platz zwei stehen die mit 3-Tage-Bart oder Schnurrbart und ganz am Schluss die Bartträger. Das sollte sich jeder Bartträger einmal überlegen.

Aftershave ist eine tolle Sache, aber es soll nur ein wenig duften. Ein Tipp: die Hände nass machen und einige Tropfen (je nach Stärke des Produktes) hineingeben und dann auftragen. Durch das Wasser wird das Aftershave etwas verdünnt. Es riecht noch, aber nicht mehr so stark, dass man es schon von weitem riecht.

Nun nochmals zu den Damen: Make-up ist sehr schön, sofern es dezent aufgetragen wird. Es verstärkt die Ausstrahlung und den Typ. Viel Make-up ist angesagt, wenn man bei einer Show auf der Bühne mitmacht, wo das Aussehen auch auf Distanz gut wirken soll. In allen anderen Fällen sei den Damen dieser Welt von «Bauernmalerei» abgeraten, denn hier wie auch bei anderen Dingen im Leben gilt der Grundsatz «weniger ist mehr». Die wenigsten Männer mögen stark geschminkte Frauen!

Kleidung

Kleider machen Leute. Sicher kennst du diese Redensart. Wenn du dich auf der Strasse umschaust, wirst du da und dort Leute sehen, die zwar topmodisch angezogen sind, deren Kleider aber irgendwie einfach nicht zu ihrem Typ passen.

Das zeigt uns, dass es nicht immer nötig ist, nach der neuesten Mode zu gehen. Auch Designerkleider sind nicht nötig. Man sieht auch in normalen gut aus. Die neuesten Kreationen bekannter Modeschöpfer nützen nichts, wenn sie nicht zu dir passen. Du erweckst so eher den Eindruck, jemand zu sein, der es nötig hat. Also keine falschen Hemmungen. Du darfst ruhig in jedes noch so günstige Kaufhaus gehen und in jede 50-Prozent-Wühlkiste reingreifen. Hauptsache, es passt zu dir und du fühlst dich gut in diesen Kleidern. Dann wirst du auch auf andere gut wirken.

Um seinen ganz persönlichen Stil zu finden, bedarf es einiger Zeit – manchmal sogar Jahre. Hast du schon mal daran gedacht, eine Typ-, Farb- oder Stilberatung aufzusuchen? Dort wird man auf deinen ganz persönlichen Typ eingehen, und du wirst lernen, welche Art und welche Farben der Kleidung zu dir passen. Eine sehr interessante Sache. Hab doch mal Mut für etwas Neues!

Im Allgemeinen gilt, dass du dich dem Anlass entsprechend kleiden solltest. Da der erste Eindruck, den andere von dir erhalten, der wichtigste ist, sind deine Klamotten stets sauber und gebügelt. Ebenso trägst du keine Hochwasserhosen.
    Wenn es der Anlass erlaubt, ist aber gegen Jeans oder kurze Hosen nichts einzuwenden.
    Wenn deine Schuhe abgelaufene Sohlen haben, dann tausche sie aus. Ebenso solltest du sie regelmässig pflegen, das heisst putzen und glänzen. Übrigens schauen Frauen bei einem Mann schnell einmal auf die Schuhe. Anscheinend lässt sich daran einiges ablesen ...
    Bei den Socken gilt bei den Männern die Farbe Schwarz. Die weissen Socken trägst du bitte schön nur, wenn du dich sportlich betätigst, sonst nicht. Aber auch beim Sport liegst du mit schwarzen gut im Rennen.
    Benötigst du eine Brille oder Kontaktlinsen? Hast du gewusst, dass Brillen heutzutage nicht einfach nur Sehhilfen sind, sondern – richtig ausgewählt – deinem Typ den «letzten Schliff» verleihen? Es gibt sogar Leute, die tragen eine Brille mit Gläsern, die nicht geschliffen sind – einfach so, als Schmuck. Also geh doch mal ins nächste Brillengeschäft und schau dir einige Modelle an!

Fitness und Sport

Treibst du Sport? Es muss ja nicht Leistungssport sein, ein bisschen joggen tuts auch. Es gibt so viele Sportarten, die Spass machen und auch für Neueinsteiger sehr gut geeignet sind.

Aha, du möchtest schon, aber du weisst nicht genau, was? Mach dir eine Liste mit allen Sportarten, die du kennst. Wähle daraus drei, die dich interessieren würden. Diese drei nimmst du genauer unter die Lupe. Du musst dich ja nicht gleich beim nächsten Klub anmelden, geh doch erst mal schnuppern.

Überlege dir, ob bei deiner favorisierten Sportart die Geschlechter gut gemischt sind. Wenn du als Frau in einen Damenturnverein gehst, dann bist du selber schuld, wenn du keine Männer kennen lernst – ausser die Freunde und Ehegatten deiner Klubkolleginnen …!

Beim Sport hast du übrigens viele Möglichkeiten, Leute kennen zu lernen – besonders beim Mannschaftssport. Und ganz nebenbei tust du noch etwas Gutes für deine Gesundheit. Durch die Bewegung erhältst du ein besseres Körperbewusstsein, was sich auf dein Selbstvertrauen, dein Selbstbewusstsein und deine Selbstachtung positiv auswirkt. Mittlerweile kennst du meinen Spruch: Wenn du zufrieden bist, strahlst du es auch aus!

Warum gibst du nicht einmal in irgendeiner Zeitung oder Zeitschrift ein Inserat auf, worin du eine/n Freizeitpartner/in für deine sportlichen Aktivitäten suchst, zum Beispiel zum Joggen oder Radfahren?

Konnte ich dich jetzt nicht dazu umstimmen, etwas in sportlicher Hinsicht zu tun? Dann geh wenigstens an Sportanlässe als Zuschauer. Auch dort wirst du auf viele Menschen treffen, die sich dafür interessieren. Der Vorteil, wenn du selber Sport treibst oder auch nur Zuschauer bist, ist, dass du mit all den anderen Leuten etwas gemeinsam hast. Und das ist schon der erste Schritt! Man braucht kein gemeinsames Gesprächsthema zu suchen – es bietet sich selber an!

Komplimente

Machst du manchmal Komplimente? Das hoffe ich doch sehr. Sicher gehörst du nicht zu denen, die es pausenlos tun. Ich meine Qualität und nicht Quantität. Versuche es nicht mit der Masse, sondern schön gezielt und ehrlich. Ein Kompliment kommt dann gut rüber, wenn es ernst gemeint ist. Dann wird es auch entsprechend honoriert. Andernfalls wird man dich durchschauen!

Hat dir denn schon mal jemand ein Kompliment gemacht? Wie reagierst du darauf?

Blöde Frage – oder doch nicht?

Antwortest du, angenommen du bist eine Frau, auf das Kompliment «Du hast eine wunderschöne Bluse» mit «Ach, die hab' ich schon lange» oder «Die war ganz billig»?

Das Gleiche gilt, wenn du ein Mann bist und auf «Ich mag deine Krawatte» mit «Die? Die hab' ich mal im Duo-Pack gekauft, war gerade im Sonderangebot» antwortest.

Na, hast du schon gemerkt, was ich dir sagen will? Wie wärs mal mit einem Dankeschön? Wenn du anstatt «danke» so etwas wie oben beschrieben von dir gibst, dann gibst du deinem/r Flirtpartner/in zu verstehen, dass er/sie nichts weiter als deine Sonderangebot-Duopack-Krawatte respektive deine alte Bluse schön findet. Mit anderen Worten: Er/Sie versteht nichts davon! Geht dir jetzt ein Lichtlein auf?

Findest du nicht auch, wir sollten viel öfters freundlicher mit unseren Mitmenschen sein? Warum eigentlich nicht einmal der Kioskverkäuferin, dem Metzger, der Seminarleiterin oder dem Buschauffeur ein Kompliment machen? Versuch es, sofern dein Kompliment ehrlich gemeint ist. Du wirst staunen, was alles zurückkommt.

Schenke am Valentinstag oder zum Geburtstag Blumen. Blumen sind nicht nur für Frauen. Auch viele Männer erfreuen sich an einem schönen Strauss. Wer hätte das gedacht!

Keine Zeit für eine/n Partner/in?

Erstens gibt es die, die von sich sagen, sie könnten aus Zeitgründen keine Beziehung haben. Schön, das muss man akzeptieren. Leider merkt man diesen Zeitgenossen vielfach an, dass sie doch nicht ganz zufrieden sind. Der Mensch ist halt kein Einzeltier.

Zweitens gibt es die, die noch so gerne eine/n Partner/in haben möchten, aber leider so beschäftigt und überall engagiert sind, dass es immer wieder an ebendiesem Problem scheitert.

Eine Beziehung mit so jemandem wird nie funktionieren können, weil man spätestens nach ein paar Telefonaten, bei denen man immer wieder ein «Morgen geht es nicht, ich muss ...» zu hören bekommt, die ganze Übung abbricht. Man will schliesslich mit dieser Person ein Date und nicht wie beim Arzt einen Termin vereinbaren!

Übrigens wirken solche viel beschäftigten Leute abschreckend, weil man es mit der Zeit aufgibt, sie anzurufen, da man Angst hat, sie zu stören.

Du bist also gut beraten, wenn du deine Zeit gut einzuteilen vermagst. Eine Partnerschaft braucht viel Zeit!

Wenn der/die Flirtpartner/in zu aufdringlich wird?

Vielleicht warst du schon mal in der Situation, dass du ein Gespräch lieber beendet hättest, weil du dein Gegenüber einfach nicht ausstehen konntest. Die Situation ist ziemlich heikel, will man doch ihn/sie nicht in seinen/ihren Gefühlen verletzen.

Eigentlich – so würde man meinen – sollte beiden früher oder später klar sein, was Sache ist. In der Praxis ist dem leider nicht immer so. Es gibt Menschen, die sind in ihrem Tun und Sagen so von sich überzeugt, dass sie gar nicht merken, dass sie damit den anderen auf die Nerven gehen. So jemandem klarzumachen, dass man nicht interessiert ist, ist keine leichte Aufgabe.

Zur Not tut es eine Notlüge. Wie wäre es, seine/n (nicht vorhandene/n) Freund/in beiläufig zu erwähnen? Grundsätzlich ist der direkte Weg natürlich der ehrlichste – aber auch der härteste. «Ich möchte dich nicht verletzen, aber du bist für mich ein/e gute/r Kollege/in. Mehr kann ich mir nicht vorstellen.» So bist du ehrlich, bist mit deinem Gewissen im Reinen, und dein Gegenüber wird es hoffentlich auch verstehen.

Woran du allerdings immer denken musst: Bleib freundlich! Ausser dein Gegenüber wird wirklich verbal verletzend oder sogar handgreiflich. Das wird wahrscheinlich eher einer Frau passieren als einem Mann. Dann sage deine Meinung und scheue dich nicht, andere anwesende Personen um Hilfe zu bitten.

Signalisiere Empfangsbereitschaft!

Du weisst ja mittlerweile, dass so, wie du dich fühlst, du auf andere wirkst. Überall, wo du dich bewegst, gibt es Möglichkeiten, mit anderen in Kontakt zu kommen. Schau dir die Leute an und sie werden DICH anschauen!

Wenn du mit dir zufrieden bist, zu deinen Stärken und Schwächen stehst, wirst du entsprechend sicher auftreten und eben genau diese Sicherheit ausstrahlen. Warum sage ich dir das eigentlich immer wieder? Weil es so ist!

Du wirst garantiert bemerken, wie man auf dich aufmerksam wird, und ehe du dichs versiehst, wirst vielleicht DU beflirtet, bevor du selber dazu kommst!

Du sollst Spass daran haben, unter den Menschen zu sein und mit ihnen Kontakt zu haben. Denk nicht gleich zu Anfang daran, dass sich aus einer neuen Begegnung eventuell eine Beziehung ergeben könnte, denn das würde dich in deiner weiteren Art zu flirten behindern. Konzentriere dich auf dein Gegenüber und lass deine/n Flirtpartner/in spüren, dass er/sie interessant für dich ist. Der Rest wird sich von alleine ergeben!

Geh alleine oder zu zweit aus!

Solltest du keine grosse Lust haben, alleine auszugehen, dann ist es in Ordnung, wenn du noch eine/n Kollegen/in mitnimmst. Mehr Personen aber bitte nicht, weil das ja bekanntlich abschreckend auf Flirts wirkt. Von ausserhalb wird man sich kaum zu euch hin getrauen.

Ich habe einmal eine Gruppe von Frauen erlebt – und, zugegeben, etwas belauscht –, die zusammensassen und darüber diskutierten, wie schwierig es ist, Männer kennen zu lernen. Rundherum waren die besten Exemplare anwesend, nur hat sich keiner getraut, in diese Gruppe «hineinzuflirten». Welcher Mann nimmt es schon freiwillig mit mehreren Frauen auf?

Also alleine oder zu zweit. Fang aber nicht gleich an zu grübeln, wenn du nicht sofort jemanden kennen lernst. Geniesse in diesem Fall einfach den Augenblick und die Situation, beobachte (und studiere!) die anwesenden Personen ein bisschen. Schau dich (vor allem als Mann) nicht nach jeder Frau um, die das Lokal betritt. Dies erweckt den Eindruck, auf der Jagd zu sein.

Bevor du allerdings mit deinem/r Kollegen/-in ausgehst, besprich dich mit ihm/ihr, ob ihr zusammen nach Hause geht oder ob ihr die Möglichkeit offen lässt, dass ihr euch – man weiss ja nie – im Laufe des Abends trennt, wenn jemand eine nette Bekanntschaft macht. Es wäre schade, wenn eine/r von euch sich mit seiner/ihrer Bekanntschaft davonmacht und der/die andere dafür böse ist.

Fühlst du dich auch komisch, wenn du ein Lokal betrittst? Du machst die Türe auf und alle schauen dich an. Jedenfalls hast du dieses Gefühl. Sehr unangenehm, ich weiss. Sieh das Ganze mal von der anderen Seite: Du bist ja gut drauf und willst Leute kennen lernen. Stimmts? Dazu ist es allerdings nötig, dass man dich sieht. Na? Plötzlich ist es nicht mehr so schlimm. Im Gegenteil, es ist ja gut für dich, wenn dich die Leute bemerken. Du willst es ja. Wäre irgendwie traurig, wenn niemand schauen würde ...! Dann hättest du wirklich ein Problem.

Statistisch gesehen bemerken allerdings nur etwa zehn Prozent der anwesenden Leute dein Hereinkommen bewusst. Ein grosser Teil nimmt lediglich wahr, dass jemand kommt, und der Rest merkt überhaupt nichts!

Also: Keine falschen Hemmungen, geh rein und geniesse es, wenn einige Leute nach dir schauen. Sag zu dir: «Ich freue mich darüber, wenn sich einige Leute nach mir umdrehen!»

Ein Tipp: Du hältst dich bevorzugt in Lokalen auf, in denen die Gäste zirkulieren. Pubs sind dazu ideal. In der Nähe der Bar läuft meistens etwas. Bleibe aber nicht die ganze Zeit an einem Platz, sondern wechsle diesen, das fällt niemandem auf. So kannst du dich immer an die interessantesten Plätze begeben.

Ein Abstand von etwa zwei bis vier Meter ist ideal, um nicht gleich aufdringlich zu wirken, aber um deinem «Flirtopfer» trotzdem aufzufallen.

So genannte «Gaffer», die stundenlang oder sogar den ganzen Abend nur schauen, sich aber nicht getrauen, die auserwählte Person anzusprechen, sind übrigens nicht sonderlich beliebt. Wenn er/sie schon nicht zu dir kommt, dann zeige deinen Mut, geh selber hin und sag einfach «hallo». Beziehe das nun folgende Gespräch auf die Situation, die gerade herrscht. Also das Lokal, die Leute, die Getränke, die Speisen, die Musik usw. Wie wäre es mit «Du hast mich so nett angelächelt, da habe ich mir gedacht, ich komme mal und bedanke mich dafür»? Oder: «Es ist selten, dass einen jemand so nett anlächelt. Ich habe mir gedacht, ich sage mal hallo.»

Dein/e Flirtpartner/in wird angenehm überrascht sein und du wirst staunen, wie dir das gut tun wird!

Flirten in der Partnerschaft

Um es gleich vorweg zu nehmen: Flirten selbst macht nicht untreu! Gleichgültig, ob man in einer Beziehung lebt oder nicht.

Ich glaube, jede/r weiss selber, wie weit er/sie gehen kann, um seine/n Partner/in nicht zu verletzen oder sogar zu betrügen. Gegen ein interessantes, knisterndes Gespräch ist sicher nichts einzuwenden.

Es gibt viele Paare, die sogar in Anwesenheit ihres Partners mit anderen flirten. Ist ja schliesslich nichts dabei!

Möchtest du eine/n Partner/in haben, der/die sich an dich klammert und keine andere Person mehr anschaut? Vergiss deine Eifersucht, denn sie ist Gift für eure Partnerschaft. Dein/e Partner/in flirtet schliesslich nicht, um eine neue Liebe zu finden, sondern weil flirten – wie in diesem Kurs gelernt – ein unverbindliches Spiel oder eben eine Möglichkeit ist, neue interessante Leute kennen zu lernen. Und davon kannst DU schliesslich auch profitieren!

Vielleicht bist du schon einige Zeit mit deinem/r Partner/in zusammen oder sogar verheiratet? Für viele Leute ist klar und selbstverständlich, dass am Anfang einer Beziehung heftigst geflirtet wird und es mit der Zeit abflaut. Lass es auf keinen Fall so weit kommen, denn der Flirt in der Partnerschaft ist sehr wichtig, um sie aufrechtzuerhalten und sich vielleicht immer wieder erneut in den Partner zu verlieben!

Das Flirtgespräch

So, nun ist es passiert. Du hast jemanden angesprochen oder bist angesprochen worden und möchtest dich gerne mit ihm/ihr unterhalten.

Gehörst du zu den Menschen, die, wenn sie vor einer interessanten Person stehen, plötzlich nicht mehr wissen, was sie sagen wollen, und denen es regelrecht die Sprache verschlägt? Macht nichts, die Mehrheit unserer Bevölkerung kämpft mit diesem Problem. Das ist völlig normal.

Nimm die Situation und den Ort, wo ihr euch gerade befindet, als Anhaltspunkt für ein Gespräch! Du wirst staunen, wie viele

Gesprächsthemen sich daraus ergeben. Du gehörst hoffentlich nicht zu denjenigen, die ununterbrochen quatschen und ihr Gegenüber nicht zu Wort kommen lassen! Das Motto dieser Leute lautet: «Wenn ich andauernd rede, kann mir nichts passieren.» Allerdings wirken solche Zeitgenossen eher nervig als flirtig. Ein gutes Gespräch soll nämlich wie der Ball bei einem Tennismatch immer hin- und hergehen. Wenn nur einer spielt, funktioniert es nicht. Stell deinem/r Gesprächspartner/in Fragen, worauf er/sie nicht mit JA oder NEIN antworten kann.

Also nicht «Tolle Party, was?», sondern «Wie findest du diese Party?».

Schöne Worte, nicht? Was denn, wenn das Gespräch nicht so flüssig läuft, wie du es gerne hättest? Wenn sich Pausen ergeben, weil anscheinend beiden der Gesprächsstoff ausgegangen ist?

Versuchs mal mit der Papageientechnik. Was tun die Papageien? Nachplappern. Das heisst für dich, dass du aus jedem gesprochenen Satz deines Gegenübers versuchst, ein ausschlaggebendes Stichwort herauszupicken und es eben nachzuplappern. Natürlich nicht auf dieselbe Weise wie ein Papagei! Benütze dieses Wort als Ausgangspunkt für einen weiteren Satz, eine weitere Frage oder Aussage. Es muss nicht zwingend ein bestimmter Begriff darin vorkommen. Hauptsache, es stimmt sinngemäss.

Ein Beispiel gefällig?

Er: «Weisst du, ich fahre zum ersten Mal mit dem Zug nach Hamburg.»
Sie: «Ach, du warst schon mal in Hamburg?»
Er: «Ja, mit dem Flugzeug.»
Sie: «Ich bisher nur mit dem Zug. Fliegen ist mir zu teuer. Ich fahre alle zwei Monate mal dorthin, um meine Schwester zu besuchen.»
Er: «Aha, arbeitet deine Schwester in Hamburg?»
Sie: «Ja, schon zwei Jahre. Sie ist dort verheiratet und arbeitet in einer Buchhandlung.»

Er: «Interessant. Ich lese auch viel. Vielleicht könnte mir deine Schwester ein paar gute Tipps zu einigen Büchern geben? Was tut ihr beide denn so abends? Geht ihr auch mal aus?»

Sie: «Logisch, wir quatschen doch nicht den ganzen Tag. Hamburg ist eine tolle Stadt. Man kann so viel erleben!»

Er: «Ich muss nachmittags noch einige geschäftliche Dinge erledigen. Abends hätte ich frei. Darf ich dich und deine Schwester heute Abend als Reiseleiterinnen buchen?»

Sie: «Klar, gerne. Ich denke, dagegen hat auch meine Schwester nichts einzuwenden. Sie lernt gerne interessante Leute kennen. Sag mir nur, wann und wo!»

Hast du gesehen, wie einfach es sein kann, ein Gespräch am Laufen zu halten?

Versuche nicht, überaus witzig zu sein, und mach vor allem nicht den Kaspar. Das kommt nicht gut an und man wird dich durchschauen. Solltest du zu der Sorte gehören, die sich Aufmerksamkeit verschafft, indem sie unanständige Witze erzählt, so lass auch dieses bleiben. Gerade Frauen finden diese Art von Witzen nicht sonderlich lustig und werden kaum mehr als ein bemitleidendes Lächeln für dich bereithalten.

Fühle dich in deine/n Flirtpartner/in hinein. Nimm ihn/sie wichtiger als dich selbst. Wenn er/sie etwas erzählt, hörst du interessiert zu und schaust nicht links und rechts an ihm/ihr vorbei, ob du eventuell noch jemand Interessantes entdeckst, denn so denkt sich dein Gegenüber, dass du dich nicht für ihn/sie interessierst, und er/sie wird bald einmal das Weite suchen.

Liest du Zeitungen, Magazine oder Ähnliches? Informiere dich, was so in der Welt passiert. Du solltest einfach über die wichtigsten Dinge Bescheid wissen, damit du mitreden kannst.

Lass ab und zu einen versteckten Hinweis fallen, dass du Single bist. «Ich esse heute hier, weil ich manchmal einfach keine Lust habe, für mich alleine zu kochen.» Oder versuche herauszufinden, ob dein Gegenüber noch Single ist: «Gehst du öfters alleine aus?» «Ich möchte nicht länger stören, sicher warten Sie auf jemanden.»

Wer in so einem Fall Single ist, wird dir sicher zu verstehen geben, dass du bleiben sollst ...!

Und bevor du es vergisst: Dein/e Flirtpartner/in ist kein unereichbares Wesen, sondern wie du ein ganz normaler Mensch. Übrigens fühlt er/sie sich geschmeichelt, wenn er/sie merkt, dass du dich für ihn/sie interessierst und du darum etwas nervös bist. Stell dir vor, etwas Verlegenheit deinerseits kommt gut an!

Gesprächsthemen

Die Gesprächsthemen sind fast unerschöpflich. Man kann so ziemlich über alles reden. Hier eine Auswahl:
- Der Ort und die Situation, wo sich beide befinden, gibt immer Anlass für Themen.
- Das Wetter, sofern es «verrückt spielt». Vielleicht auch einen geplanten Ausflug erwähnen, zu dem du noch gerne jemanden mitnehmen würdest ...!
- Sport, aktiv oder passiv
- Hobbys
- Ferien, Wochenendausflüge
- Arbeit, Beruf
- Musik
- Anwesende Leute
- Kleidung oder Accessoires der/des Flirtpartners/-in (aber nur positiv, bitte!)
- Zwischendurch vielleicht wieder ein schon besprochenes Thema auffrischen
- Gute Witze, aber keine schweinischen
- Politik
- Weltgeschehen (informiere dich mittels Zeitungen und Zeitschriften)
- Freizeitaktivitäten Sommer/Winter
- Haustiere
- Unterhaltungsmöglichkeiten in diesem Ort
- Die Öffnungszeiten dieses Lokals

- Spezialveranstaltungen dieses Lokals
- Der fahrbare Untersatz (Auto, Fahrrad usw.)

Der persönliche Heirats- und Kinderwunsch gehört nicht ins Flirtgespräch!

Flirt im Internet

Das Internet – unendliche Weiten. Schön, gross und anonym. Das gilt auch für die Bekanntschaften, die du in den diversen Chaträumen und Plattformen mit Kontaktinseraten und Ähnlichem machen kannst.

Hier eine kurze Einführung: Chaträume sind Seiten, wo du dich unter einem Pseudonym einwählst und dann bei einer virtuellen Diskussion teilnimmst. Bei einigen Chats ist vorher eine Registrierung nötig, wobei du ein Passwort erhältst, um dich später immer wieder unter demselben Pseudonym einzuwählen.

Im Chat siehst du das Pseudonym der anderen und dazu den Text, den diese Personen geschrieben haben. Nun schreibst du deinen Kommentar und schickst ihn per Tastendruck in den Raum. Es besteht die Möglichkeit, jemanden direkt per Mausklick anzuwählen, um mit ihm/ihr persönlich zu «sprechen». Die dann geschriebenen Texte können somit nur von den zwei beteiligten Personen gelesen werden. Also von dir und deinem/r Flirtpartner/in.

In den Fällen, in denen der Internetzugang nicht kostenlos ist, fallen natürlich die entsprechenden Gebühren an. Wenn du also nicht über unbeschränkte finanzielle Mittel zur Begleichung der Telefonkosten verfügst, solltest du ab und zu auf die Uhr schauen, denn chatten macht süchtig!

Ach, übrigens, gib wenn möglich deine Telefonnummer sowie deine Adresse nicht bekannt. Es tummeln sich auch ominöse Leute im Internet! Deine E-Mail-Adresse kannst du ohne grosse Bedenken bekannt geben, wenn du jemanden kennen gelernt hast. Wenn du ganz auf Sicher gehen willst, richtest du dir eine neue, anonyme und kostenlose E-Mail-Adresse ein. Solche Gratismaildienste gibt es wie Sand am Meer. Danach steht einem angeregten E-Mail-Austausch nichts mehr im Wege. Ein späterer Austausch eurer Telefonnummern ist zu empfehlen, um einmal per Telefon abzuchecken, ob ihr euch eventuell treffen möchtet. Vielleicht tauscht ihr vorher noch Fotos aus?

Ich hatte einmal die Idee, spontan im Chat einen Aufruf zu machen, ob eine Dame bereit wäre, sich einfach so und ohne Hintergedanken mit mir auf einen Drink zu treffen. Schnell meldete sich jemand und wir chatteten fast vier Stunden, wobei sie mich immer wieder hinhielt, doch noch länger mit ihr zu chatten, weil sie noch mehr von mir erfahren möchte. Nach einigen persönlichen Angaben beiderseits und diversen Versuchen, sie endlich dazu zu bringen, einen genauen Ort sowie eine Zeit zu vereinbaren, gab ich es schliesslich auf. Die Frau erzählte mir nämlich, dass sie noch unter der gerade verflossenen Beziehung leide und sich heute irgendwie nicht so gut fühle, um auszugehen.

Warum hat sie mich dann stundenlang glauben lassen, sie würde sich mit mir treffen? Vermutlich, weil sie einen Seelentröster brauchte, und der war ich!

Etwas gekränkt war ich schon, obwohl ich wusste, dass nicht alles wahr ist, was die Leute im Chat so schreiben. Wieder etwas gelernt!

Eine andere Möglichkeit im Internet ist, Kontaktinserate zu lesen. Dabei gibt es viele kostenlose, aber auch solche, bei denen du zuerst eine Gebühr entrichten musst. Es gibt verschiedene Rubriken wie «Er sucht sie», «Sie sucht ihn» und so weiter. Je nach Anbieter kannst du deine Suche einschränken, damit dir nicht Inserate von Fünfundzwanzigjährigen aus Deutschland aufgelistet werden, wenn du in der Schweiz wohnst und jemanden um die fünfzig suchst, der/die in der gleichen Stadt wohnt wie du …

Was denkst du, wie wäre es, wenn du mal selber ein Inserat aufgeben würdest? Das wäre sicher eine spannende Sache. Als Frau wirst du erfahrungsgemäss viel Echo bekommen, als Mann weniger.

Etwas ist noch zu sagen: Im Internet verbirgt sich nicht hinter jedem Frauennamen auch eine Dame ... Es gibt da solche Schlaumeier, die sich eines Frauennamens bedienen, um zu schauen, was passiert. Wenn du ein Mann bist, dann ist eine Portion Skepsis durchaus angebracht. Trotzdem solltest du nicht allen schon zum Voraus misstrauen!

Matthias erzählte im Kurs, er habe auf ein Internet-Kontaktinserat einer Frau geantwortet und dann regen E-Mail-Verkehr mit ihr gehabt. Sie seien sich immer näher gekommen und hätten sich sehr viele persönliche Dinge mitgeteilt. Mit der Zeit entstand bei Matthias das Bedürfnis, diese Dame zu treffen. Auf die Frage, wo man sich treffen wolle, habe sie dann sofort den Vorschlag gemacht, sich bei ihm zu verabreden, was ihm etwas komisch erschien.

Als sie sich dann am vereinbarten Treffpunkt trafen, würdigte sie ihn fast keines Blickes, was ihn wiederum etwas verwirrte. Schliesslich hatten sie sich viele sehr persönliche E-Mails geschrieben, sodass er dachte, sie sei wie er gespannt, wie er denn nun aussehen würde. Stattdessen hielt sie es für angemessener, ihm ihren Sportwagen zu zeigen. Sie wollte dann gleich einmal sehen, wie und wo er wohnte. Sein Haus wurde regelrecht inspiziert. Auch schien es ihr überdurchschnittlich wichtig zu sein, zu erfahren, welchem Beruf er nachgehe und welche Marke von Auto er fahre.

Nach dieser «Besichtigung» sei sie zunehmend nervös geworden und habe vermehrt auf die Uhr geschaut. Sie müsse eben noch nach Luzern, und ausserdem habe sie Hunger. Sie seien dann noch in ein Autobahnrestaurant gegangen, wobei er sich immer wieder fragte, was der ganze Auftritt sollte.

Nach dem Essen sei sie aufgestanden und wollte zur Toilette gehen. Vorher habe sie ihn aber noch darauf hingewiesen, er könne auch schon gehen, wenn er wolle. Er verstand die Welt nicht mehr.

Die Verabschiedung sei dann übrigens gleich kurz wie die Begrüssung gewesen. Seit dem Tag habe er nie wieder etwas von ihr gehört ...

Wir diskutierten im Kurs darüber und waren alle der Meinung, dass sie sich wahrscheinlich an einem Tag gleich mit mehreren Männern getroffen habe, wobei ihr vermutlich die finanzielle Situation eines möglichen Partners am meisten am Herzen lag.

Matthias jedoch war froh, dass sie sich so offensichtlich verhalten hat. Nicht auszudenken, wenn er es nicht gleich gemerkt und sich auf eine Beziehung mit ihr eingelassen hätte!

Blind Dates

Schon mal ein Blind Date gehabt?

Warum nicht? Hat es sich noch nicht ergeben, oder bist du der Meinung, das sei nichts für dich? Sicher, der Gedanke, jemanden zu treffen, den man nicht kennt, ist schon beunruhigend. Trotzdem, diese Art des Kennenlernens kann äusserst interessant sein. Du darfst dir nur nicht denken, die Person, mit der du dich triffst, könnte ein/e mögliche/r Partner/in sein, sonst erfüllst du nicht die richtigen Voraussetzungen für dein Blind Date.

Am besten siehst du das Ganze als eine Möglichkeit, neue Leute kennen zu lernen. Nicht mehr und nicht weniger. Dann hast du die besten Voraussetzungen, dass dein Blind Date erfolgreich verläuft. Mit «erfolgreich» meine ich nicht, dass ihr euch verliebt, sondern dass euer Treffen interessant ist und ihr euch amüsiert.

Solltet ihr euch tatsächlich verlieben, ist es natürlich auch in Ordnung.

Im schlimmsten Fall findet ihr euch nicht interessant, dann merkt ihr es (hoffentlich) beide und beendet euer Treffen. Wenn du ihn/sie absolut uninteressant findest, so sage doch einfach, du kannst nicht so lange bleiben, weil du morgen früh mit deinen Eltern verabredet bist, oder bediene dich sonst einer Ausrede.

Schön und gut, aber wie kommt man denn zu einem Blind Date? Es gibt Blind-Date-Agenturen, die natürlich etwas kosten. Die andere Möglichkeit ist das Internet, wo du auf den Plattformen mit Kontaktinseraten vielfach auch auf die Rubrik «Blind Date» triffst. In den Chaträumen findest du vielleicht auch jemanden, der sich einfach mal so mit dir trifft. Wenn du dich und dein Aussehen beschreibst, so übertreibe bitte nicht, sondern bleib bei den Fakten.

Trefft euch an einem neutralen Ort, wo ihr nicht alleine seid, denn sicher ist sicher. Man weiss ja nie, mit wem man sich verabredet.

Party- und Flirtlines am Telefon

Hier gibt es nicht viel zu sagen. Wenn du über genügend finanzielle Mittel verfügst, dann steht dem Flirten an einer Flirtline nichts im Wege. Andernfalls solltest du die Hände davon lassen, denn nur um mit anderen zu sprechen, gibt es günstigere Wege.

Dazu ist zu sagen, dass dies zu einer Sucht führen kann. Damit sind dann auch schnell einmal finanzielle Probleme verbunden.

Wenn du unbedingt am Telefon jemanden kennen lernen willst, dann gibt es die Möglichkeit, die einige Zeitungen und Zeitschriften bieten. Gemeint sind Kontaktanzeigen, worauf du telefonisch antworten kannst. Allerdings auch meistens auf eine teure Telefonnummer. Von dort wirst du zu der inserierenden Person umgeleitet, oder du kannst dir deren Sprachmitteilung anhören.

Bei einigen solchen Systemen werden die Telefongebühren nach der Umleitung auf den normalen Tarif gesenkt, bei einigen fallen Minute für Minute die sehr hohen Gebühren an. Also bist du gut beraten, wenn du mit deinem Gegenüber am Draht schnellstens deine Telefonnummer austauschst, um in Ruhe miteinander zu flirten und den eventuell hohen Gebühren aus dem Weg zu gehen.

Daniel hielt mich immer auf dem Laufenden, was sein Flirt- und Liebesleben betrifft. So fragte er mich einmal, als er auf eine (sündhaft teuere) Flirtline aufmerksam geworden ist, ob das eine Möglichkeit wäre, jemanden kennen zu lernen. Ich habe ihn, wie gerade oben beschrieben, auf die positiven, aber auch auf die negativen Seiten aufmerksam gemacht und ihm eigentlich davon abgeraten, weil ich nicht wollte, dass er zu viel Geld für «so etwas» ausgibt.

Zwei Wochen später rief er mich an und erzählte, dass er es eben doch getan und ein Treffen mit einer Frau vereinbart habe. Bingo! Zum Glück hat er nicht auf mich gehört!

Gefahren beim Flirt

Natürlich, du kannst dir beim Flirten die Finger verbrennen. Du kannst abblitzen oder dich Hals über Kopf verlieben. Wenn dann dein Gegenüber nicht das Gleiche für dich empfindet, ist es zugegeben sehr hart. Es kann immer passieren, dass zwei nicht dasselbe wollen. Versuche trotzdem, deinen gesunden Menschenverstand walten zu lassen.

Ich finde, das Schlimmste, was passieren kann, ist, wenn du es nicht einmal probierst, mit jemandem in Kontakt zu kommen. Das ist wirklich schlimm!

Dann gibt es da noch diejenigen, die Flirten sozusagen als Sport betreiben und auf die «Jagd» gehen. Sie flirten, was das Zeug hält, und sind erst zufrieden, wenn sie den/die andere/n «haben». Dann ist die Sache für diese Spezies erledigt, und sie lassen ihre/n Flirtpartner/in fallen wie eine heisse Kartoffel.

Manchmal trifft man auf jene – in diesem Fall meist Frauen –, die flirten, um ihren Marktwert zu testen. Wenn sie dann den ganzen Abend lang angebaggert werden, ziehen sie befriedigt von dannen ... Auch nicht gerade die feine Art.

Du siehst, es gibt Gefahren beim Flirt, aber die positiven Seiten überwiegen. Nimm es dir einfach nicht zu Herzen, wenn du abblitzt. Wenn du Fehler gemacht hast, so lerne daraus. Warst du korrekt, anständig und freundlich, so hast du alles richtig gemacht! Flirte, denn du kannst es!

Was ist beim Flirten verboten?

– Walkman. Solche Leute leben in ihrer eigenen (Musik-)Welt. Manche haben jedoch das Gefühl, damit besonders cool zu wirken, und wundern sich dann, warum sie mit niemandem in Kontakt kommen. Sicher würdest du eine Person nicht ansprechen, wenn sie einen Kopfhörer auf dem Kopf respektive in den Ohren hat.

– Sonnenbrillen. Wie du in diesem Flirtkurs gelernt hast, schaust du den Leuten in die Augen. Wie aber soll das funktionieren, wenn deine auserwählte Person eine Sonnenbrille trägt? Kurz gesagt: unmöglich! Du kannst die Augen nicht fixieren und weisst nicht so recht, wo du nun genau hinschauen sollst. Ebenso ergeht es deinem Gegenüber, wenn du eine Sonnenbrille trägst. Wenn möglich noch eine gespiegelte, damit er/sie sich gleich selber darin sieht …
Sicher braucht man manchmal als Schutz vor der Sonne (z. B. im Schnee) eine Sonnenbrille, du solltest sie aber abnehmen, wenn es die Bedingungen erlauben.

– Laute Musik im Auto bei geöffneten Fenstern (oder im Cabriolet) wirkt ziemlich pubertär. Auch solltest du niemandem nachhupen oder gar hinterherpfeifen! Glaub mir, das gibts wirklich! Übrigens habe ich bis heute noch keine Frau gefunden, die auf die vorher genannte laute Musik aus offenen Fenstern anspricht.

– Erkältungen. Die kann man zwar nicht vermeiden, aber aus unserem Instinkt heraus meiden wir zum Beflirten Personen, die sich andauernd die Nase putzen. Wenn du also erkältet bist und man das sieht, dann versuche gar nicht erst, mit jemandem zu flirten. Hebe es dir für später auf.

– Nasen- und Ohrenbohren. Tut gut, ist aber nicht empfehlenswert.

- Nagelkauen oder -abreissen. Gegen Nagelkauen gibt es farblosen Nagellack, der so scheusslich schmeckt, dass man schnell damit aufhört. Auch für Männer!

- Kopfkratzen oder überhaupt jegliches Kratzen an irgendwelchen Körperteilen.

- Gewisse «Nahrungsmittel» wie Würste, Hamburger, Pizza usw. Auch wenn du solchen Food liebst, diese Köstlichkeiten haben leider einen tollen Nachgeschmack, der sich in deinem Mund niederlässt und mit dem du dann jede/n Flirtpartner/in in die Flucht schlägst.
Ja, Knoblauch und Zwiebeln sind sehr gesund. Aber lass trotzdem die Finger davon. Ausser ihr beide einigt euch, etwas Knoblauch- respektive Zwiebelhaltiges essen zu gehen. Dann macht es nichts, weil ihr beide übel riecht. Guten Appetit!

- Zweideutige Witze. Besser für den Stammtisch aufheben.

- Auftreten in Gruppen. Mehr als zwei Leute wirken abschreckend auf Flirts. Viele Kollegen/-innen um einen herum wirken wie eine Schutzmauer, die sich niemand zu durchbrechen getraut.

- «Cool» sein. Auch wenn es nur gespielt ist. Täusche nicht jemanden vor, der erobert werden will (gilt für die Frauen). Dadurch machst du es deinem Flirtpartner nur noch schwieriger, dich anzusprechen, wenn du künstliche Hürden aufbaust.
Manche Leute sind dermassen cool, dass es einen richtig friert. Ihre Coolness wirkt allerdings als Maske, weil sie damit ihre wahre Persönlichkeit verdecken.

- Alkohol. Ist zwar gut und enthemmt, aber nach einer bestimmten Menge sollte Schluss sein (kommt darauf an, was drin ist). Die Getränke nicht mischen, sondern bei einer Sorte bleiben. Wenn es dann schon nicht klappt mit dem Flirten, hat man am anderen Tag wenigstens keinen Kater. Zwischendurch immer wieder einmal ein Mineralwasser zu sich nehmen, dann kommt man wieder etwas auf den Boden zurück.

Bei Männern kann viel beobachtet werden, dass sie sich zuerst (etwas zu viel) Mut antrinken und anschliessend in ihrem manchmal volltrunkenen Zustand noch «Frauen aufreissen» wollen. Weil dies so ja nicht klappen kann, artet der Abend dann vielfach in einem unkontrollierten Besäufnis aus. Ausnahmslos alle Frauen, mit denen ich darüber gesprochen habe, nehmen Abstand von sichtlich alkoholisierten Männern. Prost!

– Ganz wichtig: Überlege nicht, was andere über dich, dein Tun und Handeln denken könnten, auch das ist Gift für jeden Flirt. Es kann dir egal sein. Es ist dein Leben, lass dich von deinem Gefühl leiten. Es kann nämlich durchaus sein, dass es der blanke Neid deiner Mitmenschen ist, der sie hinschauen und über dich tuscheln, reden oder sogar lachen lässt. So etwas berührt dich aber nicht. Die anderen können es nicht. Du jedoch versuchst es – nur das zählt!

– Storys über Exfreunde oder Exfreundinnen. Das will niemand hören. Auch das «Ich-finde-dich-nett-aber-ach-weisst-du-ich-bin-noch-immer-nicht-über-die-letzte-Enttäuschung-hinweg» wirkt nicht sonderlich aufmunternd auf deine/n Flirtpartner/in. Ebenso verhält es sich mit dem «Ich-wurde-schon-so-oft-enttäuscht». Noch so ein Beispiel gefällig? Beliebt ist auch «Ich lerne immer die falschen Leute kennen»!

Stell dir vor, du gibst so etwas von dir. Wie es wohl deinem/r Flirtpartner/in dabei ergeht? Aufgrund so einer Aussage fühlt sich dein Gegenüber auch gleich als eine Person dieser Spezies.

Also lass es. Ihr wollt euch schliesslich amüsieren. Was vorher einmal war, ist egal. Vergangenheit. Das Heute und die Zukunft zählen!

Ein paar Merksätze

– «Eine Liebelei, ein harmloses, kokettes Spiel mit der Liebe», so kennzeichnet der Duden den Flirt. Ein zartes Band, noch lange keine Bindung – das ist der Flirt.

– Ein Flirt entsteht spontan zwischen zwei Menschen. Als guter Flirter zeichnest du dich durch dein aufgeschlossenes Verhalten in entscheidenden Situationen aus.
Wenn du deiner Eingebung rasch folgst, vermittelst du dem Flirtpartner ein Gefühl, das er als aufregend-erotisches Prickeln verspürt.

– Du bist dann bereit für einen Flirt, wenn du innerlich mit dir im Reinen bist, dich selber gerne magst und zu dir stehst. Dann wirst du auch eine positive Ausstrahlung auf andere haben.

– Jeden Tag ein kleiner Flirt bereichert dein Leben. Flirte immer und überall mit allen möglichen Leuten. Daraus ergeben sich manchmal sehr interessante Kontakte.

– Ein Flirt muss nicht unbedingt zielgerichtet sein. Flirte, weil es Spass macht, und nicht, weil du unbedingt eine/n Partner/in kennen lernen willst.

– Es kann beim ersten, kurzen Blickkontakt bleiben. Und schon das ist ein ganz kleiner Erfolg, ein Miniflirt sozusagen. Es hätte ja sein können, dass diese Person nicht dich angesehen, sondern weggesehen hätte … Auf diesen kleinen Erfolgen baust du auf!

– Du brauchst nicht unverschämt gut auszusehen! Ausstrahlung und Persönlichkeit, Selbstbewusstsein und Vertrauen in die eigene Person sind viel wichtiger. Das alles sind Faktoren, die deine Wirkung auf andere verstärken. Du siehst gut aus, wenn alles an dir zu dir und zu deinem Typ passt!

- Auch mit den eigenen Schwächen musst du umzugehen lernen. Wenn du dazu stehst, dann verwandeln sie sich in Stärken. Baue deine Schwachpunkte ab oder akzeptiere sie.

- Ein Flirt ist etwas Vergnügliches. Vertraue immer deinem Gefühl, vertraue dem «Kind» in dir und gehe unbefangen auf die anderen zu.

- Ein Flirt verpflichtet dich zu nichts – er macht dein Leben nur liebens- und lebenswerter.

- Die Stimmung macht den Flirt. Wer gut drauf ist, findet leicht Kontakt. Wer schlecht drauf ist, strahlt ebendies aus und findet keinen.

- Der Ton macht die Musik. Ein ermunterndes Wort kann Wunder wirken. Ein elegant geäussertes, ernst gemeintes Kompliment öffnet vielleicht Tür und Tor. Sprich deutlich und ruhig.

- Nimm dir Zeit für den Flirt. Und sage nicht, du hättest keine! Flirten kann man auch mit wenig Zeit. Es muss sich ja nicht unbedingt etwas daraus entwickeln.
Für einen kurzen Blick, für ein Lächeln, für ein Paar Worte solltest du immer Zeit haben. Flirten macht das Leben schöner und erleichtert dir einen schweren Tag.

- Du hasts geschafft. Du bist im Gespräch. Und nun? Entdecke Gemeinsamkeiten mit deinem Gegenüber. Sprich über Hobbys, Musik, das Lokal, die Leute, die Stadt, über Reisen, den Italiener an der Ecke. Lass ein «Wir-Gefühl» entstehen. Das verbindet.

- Vergiss nie, dass dein Gegenüber wichtiger ist als du. Hör also gut zu! Lass ihn/sie merken, dass du dich für ihn/sie interessierst!

- Stelle Fragen. Frage aber so, dass dein Gegenüber nicht nur mit Ja oder Nein antworten kann.

- Vermeide es, dein Gegenüber mit deinen Fragen zu überfordern.

- Stelle nicht nur Fragen, lerne auch zuzuhören.

- Ein Flirtgespräch ist wie ein Tennismatch – der Ball geht immer hin und her.

- Frage dich nicht ständig «Wie findet er/sie mich?», sondern hab einfach Spass am Zusammensein und am Gespräch mit deinem Gegenüber.

- Ziehe ernste Angelegenheiten, die deinen Flirtpartner betreffen, nicht ins Lächerliche, sondern zeige Anteilnahme.

- Nimm dich selbst nicht so ernst. Zeige, dass du über dich und deine Schwächen und Fehler lachen kannst. Solche Menschen sind beliebt.

- Lasse der Unterhaltung freien Lauf. Erzwinge keine Themen, die nur für dich von Interesse sind. Sprich über deine Hobbys, aber halte keinen Vortrag.

- Lockerheit statt Verbissenheit, Nachgiebigkeit statt Rechthaberei, Fingerspitzengefühl statt Machtkampf – das sind deine Trümpfe. Spiele sie aus!

- Bringe dir selbst Achtung entgegen, dann wird sie dir auch von deinem Flirtpartner entgegengebracht.

Tipps und Tricks

Hier einige bunt gemischte Tipps und Tricks sowie Beispiele und Anregungen, wie und wo du mit anderen in Kontakt kommen und sie beflirten kannst.

Sei dir aber stets bewusst, dass nicht jeder Tipp von jedermann angewandt werden kann. Sicher sind dir einige Tipps sympathischer als andere. Das ist gut so und soll auch so bleiben. Wenn dein/e Kollege/in kürzlich mit einem originellen Satz jemanden angesprochen hat, heisst das nicht, dass es bei dir auch funktioniert! Wenn du nicht voll und ganz hinter dieser Art und Weise stehst, jemanden eben genau so anzusprechen, dann lass es besser sein. Du kannst schon den gleichen Satz oder Spruch wie dein/e Kollege/-in benutzen, aber dein/e Flirtpartner/in wird es merken, weil es sich nur «aufgesagt» anhört.

Ich bin sicher, du wirst aus den folgenden Möglichkeiten einige für dich anwenden können. Entweder so oder in abgewandelter Form.

Zum Einstieg nochmals ein paar Orte, wo du flirten und Leute kennen lernen kannst. Genau genommen ist diese Liste überflüssig, denn grundsätzlich gilt: Du kannst **überall** mit anderen in Kontakt kommen!

- Pub
- Kneipe
- Restaurant
- Café, Bistro
- Disco
- In-Lokal
- Tanzveranstaltung
- Maskenball
- Volksfest
- Biergarten
- Geschäfts- und Privatparty
- Bus, Tram, Zug, Flugzeug

- Arbeitsplatz
- Auto
- Fussgängerzone
- Einkaufen (Supermarkt, Metzger, Bäcker, Mode-Shops usw.)
- Museum
- Galerie
- Vernissage
- Theater
- Ballett (viele Damen!)
- Konzert
- Park (Parkbank!)
- am See
- Schwimmbad
- Blumenladen
- Ferien
- Lift
- Sport
- Sonnenstudio
- Kiosk
- Flohmarkt, Antiquitätenladen
- Seminar, Kurs (unter anderem auch im Flirtkurs!)
- diverse Veranstaltungen (Veranstaltungsteil in Zeitungen beachten!)
- Hotelbar (dort triffst du viele Touristen)
- Buffet
- Telefon
- Stau (immer genügend zu trinken und zu essen dabeihaben!)
- Anstehen in einer Schlange
- Ski- und Snowboardfahren (Après-Ski!)
- Strasse
- Single-Party (kann man übrigens auch selber veranstalten!)
- Ausstellung, Messe (an Computermessen findet man viele Männer!)
- Wartezimmer beim Arzt

Sicher fallen dir noch viele weitere Orte ein, oder?

- Biete jemandem am Buffet an, beim Schöpfen zu helfen. Dein Angebot wird sicher dankend angenommen. Du kennst vielleicht das Problem am Salatbuffet, wenn man nur zwei Hände und keine Ablagemöglichkeit für den Teller hat. Bei einigen Salaten hat man grössere Schwierigkeiten, sie mit dem Schöpflöffel und nur mit einer freien Hand auf den Teller zu bringen (Kopfsalat). Halte die Augen offen nach jemandem, dem du dabei helfen kannst.

- Streife jemanden «zufällig» an einer Party oder sonst irgendwo im Gedränge. Nicht anrempeln! Nach einer freundlichen Entschuldigung kommst du vielleicht ins Gespräch: «Oh, Entschuldigung. Es lässt sich fast nicht vermeiden, jemanden anzustossen. Findest du nicht auch, dass heute besonders viele Leute hier sind?»

Helfen und helfen lassen
- Schau dich um. Es gibt immer irgendwo Leute, denen du helfen kannst. Biete deine Hilfe an. Man wird es mögen. Hilf Pakete oder Taschen tragen, hilf beim Ticketautomaten (oder frage nach Wechselgeld), halte die Tür auf oder hilf einer Frau beim Einladen ihres Kinderwagens in den Bus, den Zug oder die Strassenbahn. Letztere Variante ist zwar mit Vorsicht zu geniessen, da Mütter mit Kinderwagen samt Kind doch meistens schon vergeben sind – ausser sie sind alleinstehend.
Trotzdem: Flirten kann man ja trotzdem. Es ist schliesslich eine gute Übung!

- Was für eine Frau besser funktioniert als für einen Mann, ist, etwas Hilflosigkeit vorzutäuschen, um sich helfen zu lassen, oder der alte Trick für beide Geschlechter: Etwas fallen lassen, wenn man bemerkt, dass hinter einem jemand geht. Man wird sicher darauf aufmerksam gemacht. Oder eben nicht, dann hat man Pech gehabt.

− Flirte am Telefon. Wähle im Telefonbuch ein paar Nummern aus und entschuldige dich, weil du falsch verbunden bist! Meist wird dann gefragt, welche Nummer du gewählt hast und wen du denn sprechen möchtest, worauf du immer noch sagen kannst, du hättest die Nummer aus deinem Gedächtnis eingestellt und gemeint, es wäre die Richtige.
Ist dir das zu gewagt? Dann flirte mit jeder Person, mit der du telefonierst. Warum nicht einmal mit der Telefonistin, die dich sonst immer nur weiterverbindet? «Ich glaube, ich muss bald einmal vorbeikommen, um sie mit ihrer netten Telefonstimme kennen zu lernen. Wir haben schon so oft miteinander telefoniert!»
Dann musst du aber wirklich auf einen kurzen Besuch vorbeigehen. Sie wird positiv überrascht sein.
Ich hatte schon nette Gespräche, obwohl ich falsch verbunden war. Das lustigste war, als ich auf meinem Handy eine Nummer sah, die ich später zurückrief. Eine Frauenstimme meldete sich mit «Hallo?». Ich fragte, ob sie mich angerufen habe, worauf sie meinte, sie stehe in einer öffentlichen Telefonkabine, die gerade geläutet habe. «Warum nicht?» habe sie sich gesagt und den Hörer abgenommen. Sachen gibts.
Normale Menschen würden sich dann verabschieden. Nicht aber ich. Und auch dieser Frau war es anscheinend danach, einfach mal so mit jemand Unbekanntem zu quatschen.
Stell dir vor, wir haben über 20 Minuten miteinander telefoniert!

− Im Stau, zum Beispiel nach Süden. Bei Totalstillstand – vielleicht sind ja vor oder hinter dir interessante Leute – steig aus und biete diesen Leuten etwas an. Damit hast du auch schon einige Gesprächsthemen: den Stau, das Reiseziel, woher ihr alle kommt und wohin die Reise führt. Vielleicht verabredest du dich auf einen kleinen Imbiss oder einen Kaffee in der nächsten Raststätte?
Auch hier ist wieder eine ideale Situation vorgegeben. Ihr habt alle etwas gemeinsam: den Stau.

- Verwickle im Supermarkt den/die Regalbetreuer/in in ein Gespräch über Produkte, die du suchst. «Wo bitte ist hier die Fleischabteilung?» (in einem grösseren Laden). Natürlich nur, wenn du nicht zu den Stammkunden gehörst …! Oder: «Können Sie mir sagen, wo ich die Kuchenmischungen finde? Ich möchte mal einen Kuchen probieren, obwohl ich noch nie gebacken habe. Kennen Sie sich da etwas aus und können Sie mir ein paar Tipps geben?»
Zugegeben, diese Beispiele kann man nicht unbedingt Flirts nennen, es sind eher reine Kontaktaufnahmen zu jemandem. Trotzdem sind solche «Übungen» wertvoll und je nachdem, wie es mit deinem Selbstvertrauen und deiner Selbstsicherheit steht, sehr nützlich.

- Beim Einkaufen. Schau, was die Leute einkaufen, und sprich sie darauf an: «Entschuldigung, ich habe zufällig gesehen, wie Sie Fleisch für Gulasch gekauft haben. Können Sie mir einen Tipp geben, wie man dieses Gericht am besten zubereitet? … So, vielen Dank. Eigentlich möchte ich Sie jetzt gerne zu einem Gulasch einladen, aber das möchte ich Ihnen nicht zumuten. So wie Sie mir gerade die Zubereitung geschildert haben, muss Ihr Gulasch ein Traum sein, der nicht zu überbieten ist! Darf ich Sie für Ihre Mühe wenigstens zu einem Kaffee einladen? Wenn wir uns das nächste Mal treffen, werde ich Ihnen von meinem Gulasch berichten …»

- Interessiere dich für das Auto, die Inlineskates, das Fahrrad oder das Motorrad von jemandem. «Sind Sie zufrieden mit dieser Marke? Ich habe mir schon überlegt, ob ich mir nicht auch einen Wagen dieses Typs zulegen soll. Fahren Sie schon lange dieses Auto? Wie stehts eigentlich mit dem Benzinverbrauch?» (Natürlich nur bei Auto und Motorrad, nicht beim Fahrrad!) «Diese Kleinwagen sind ja heutzutage sehr geräumig, oder?» Natürlich sind die spezielleren unter den Fortbewegungsmitteln eher geeignet, um jemanden darauf anzusprechen.

- Wenn du öfters auf demselben Parkplatz dieselbe Person triffst, klemme einmal eine Blume unter den Scheibenwischer mit einer kleinen Notiz: «Ich habe Sie hier schon einige Male gesehen. Ich möchte Sie gerne kennen lernen.» Vergiss aber auf keinen Fall deine Telefonnummer zu notieren! Sei gespannt, was passiert.

    «Aber ich kann doch nicht einfach ...» wirst du jetzt denken. Sag dir in diesem Fall einfach immer: «Warum eigentlich nicht?»

    Ist es verboten?
    Tut es weh?
    Ist es sonst irgendwie unanständig?
    Nein!
    Du bringst nur deine Gefühle zum Ausdruck. Und das ist weder verboten noch unanständig. Und auf keinen Fall tut es irgendjemand weh.
    Also noch einmal: «Warum eigentlich nicht?»
    Versuch es, denn du kannst es!

- Spiele Tourist (kann auch in deiner eigenen Stadt sein). Frage jemanden, ob er/sie nicht ein Foto von dir vor einer Sehenswürdigkeit machen kann. Nachher fragst du, ob du ihn/sie zu einem Kaffee einladen darfst. Geht ihr beide dann tatsächlich etwas trinken, kannst du deine Kamera ja weiterhin benützen und auch mal von deinem/r Flirtpartner/in ein Foto machen! Nachher unbedingt nach der Adresse fragen, um einen Abzug der Fotos zu schicken!

    Du besitzt keinen Fotoapparat? Es gibt für wenig Geld Einwegkameras mit Film in jedem Radio-TV-Geschäft oder an grösseren Kiosken. Auch viele Supermärkte führen solche Kameras in ihrem Angebot.

- Auf Partys oder Festen, wenn du jemanden gezielt kennen lernen willst: «Wir wurden uns noch nicht vorgestellt, darum möchte ich mich nun einfach – frech, wie ich bin – selber vorstellen ...»

Übrigens: Gehe zu Partys. Und zwar zu möglichst vielen. Nicht nur dort, wo du die Leute kennst! Jemand hat dich an ein Fest eingeladen, wo du ausser dem Gastgeber niemanden kennst?
Dann gehst du erst recht hin!
Denn neue Bekanntschaften knüpfst du mit Vorteil (und mit grossem Erfolg) an Partys und Festen, an denen du niemanden kennst!
Veranstalte doch einmal selber eine Party. Einfach nur so. Lade ein paar Freunde und Bekannte ein. Sorge dafür, dass jeder etwas Kleines mitbringt. Damit wird es für dich nicht allzu teuer. Der absolute Gag an der Party ist jedoch folgender: Jede Person, die du einlädst, muss noch zwei weitere mitbringen, die wenn möglich Single sind! Wenn es geht, ein Männlein und ein Weiblein. Schaue, dass so 20 bis 30 Leute kommen. Je nachdem, wie viel Platz du hast.
Du kannst dir sicher vorstellen, dass auf diese Weise eine sehr interessante Mischung von verschiedenen Menschen zusammenkommt.
Hast du es schon bemerkt? Du hast soeben deine erste Singleparty veranstaltet!

- Frage jemanden nach der Uhrzeit. Gewiss, das ist ein sehr kurzer Flirt, wenn man es überhaupt als solchen bezeichnen kann. Auf jeden Fall ist es eine Kontaktaufnahme! Es gibt auf diese Weise fast keine Möglichkeiten, dass dieser «Miniflirt» weitergehen kann. Trotzdem kann man das Fragen nach der Uhrzeit gut als Übung benützen. Freundlich ansprechen, in die Augen schauen, nett fragen, die Antwort bekommen und sich anständig verabschieden. So lernst du auf spielerische Weise, jemanden anzusprechen und dieser Person länger in die Augen zu schauen.
Für manche Leute ist diese Übung des kurzen «Um-Auskunft-Fragens» schon gut als Einstieg geeignet, um dadurch ihr Selbstvertrauen aufzubauen. Also lache nicht darüber und unterschätze diese Art der Kontaktaufnahme nicht.

- Sofern du nicht ein ausgesprochener Hundehasser bist, solltest du mal ein Auge auf Leute werfen, die mit ihrem Hund unterwegs sind ...
Hunde sind Anziehungspunkte!
Sprich den Hund an und begrüsse ihn (natürlich auch sein Frauchen oder Herrchen!): «Wie heisst er denn?» «Bello.» «Aha, hallo Bello. Du bist aber ein ganz Stürmischer! Wie alt ist er denn?» «2 Jahre.» «Ich kenne mich nicht so aus mit den Rassen. Welcher gehört er denn an?» «Es ist ein Labrador.» «So, so. Meinen Sie, Bello möchte gerne mit uns zweien etwas trinken gehen ...?»
Es muss ja nicht so schnell gehen mit der Frage nach einem gemeinsamen Kaffee oder Drink. Es ist schliesslich nur eine Anregung. In Wirklichkeit wirst du sicher noch einiges mit dem/der Hundehalter/in zu reden wissen, oder?
Hast du selber einen Hund? Dann muss ich dir ja nichts mehr erzählen. Du wirst dich nicht über mangelnde Kontakte beklagen können. Die Hunde schnüffeln aneinander, und man muss als Hundehalter automatisch stehen bleiben. Schon hat man mit seinem Gegenüber etwas gemeinsam: die Hunde! Ideal für ein Gespräch.
Vergiss nicht, deinem Hund einen feinen Happen als Belohnung zu geben für das Zusammenführen mit einer interessanten Person. Auch wenn er gar nicht weiss, warum er es bekommt, schmecken wird es ihm trotzdem!

- Wie wäre es mit etwas Ausgefallenem?
Drücke jemandem auf der Strasse einen Zettel in die Hand, auf dem steht: «Mir fehlen die Worte, um dich einfach so anzusprechen. Wenn du mit mir etwas trinken gehen willst, so sei so nett und lächle mich bitte an ...!»

- Noch etwas Ausgefallenes?
Wenn jemand zum Beispiel an einer Bar aufsteht und gehen will, sagst du: «Entschuldigung, ich glaube, du hast etwas vergessen!» «Was denn?» «Mich!».

Oder frage die Frau, die zum Ausgang geht: «Gehen Sie schon? Gefällt es Ihnen hier denn nicht? Ich bin alleine hier und wollte Sie gerade ansprechen. Bleiben Sie noch ein wenig?»

Um solche Situationen zu erfassen, ist es natürlich sehr wichtig, dass du immer die Augen offen hältst. Tu es aber so, dass man es nicht merkt.
Ich gebe in meinen Kursen zwar immer den Tipp, die Leute um sich herum etwas zu beobachten. Trotzdem: Beobachten heisst nicht anstarren!

– Im Bistro, auf der Parkbank oder überall, wo du jemanden siehst, der Zeitung liest: Erkundige dich, ob etwas Gutes darin steht. Wahrscheinlich wird er/sie mit Nein antworten. Darauf fragst du ihn/sie, ob er/sie auch dafür wäre, dass es eine Zeitung geben sollte, in der nur Gutes steht ... Wär' doch mal was, oder?

– Löst du gerne Kreuzworträtsel? Dann frag doch deine/n Nachbarn/-in auf der Parkbank, im Bus oder Zug nach einem Begriff. Bist du im Gespräch? Achtung! Lass dein Kreuzworträtsel jetzt links liegen und wende dich bitte schleunigst deinem/r Flirtpartner/in zu, sonst wird sich diese/r wieder von dir abwenden, weil du zu beschäftigt erscheinst.

– Lies im Bistro, Zug usw. etwas, das dein Interesse am Weltgeschehen erkennen lässt, und keine Fachzeitschriften, weil du sonst den Eindruck erweckst, dass du sogar hier nicht von deiner Arbeit oder deinem Hobby lassen kannst. Auch hier wirkt die Fachzeitschrift wie ein Schild: «Ich bin beschäftigt – lass mich in Ruhe!»

– An der Kasse: «Geben Sie mir ein bisschen Rabatt?» «Nein, das kann ich leider nicht!» «Auch nicht, weil heute – hm – gerade Mittwoch ist?» «Nein, wirklich nicht.» «Schade, ich habe

mir für heute vorgenommen, wenn ich irgendwo von einer Kassiererin Rabatt bekomme, dass ich sie dann zu einem Kaffee einladen werde ... Darf ich es bei Ihnen trotzdem versuchen? Wann haben Sie denn Feierabend ...?»
Wenn sie sich darauf einlässt, ist alles in Ordnung. Wenn nicht, lass die Ohren nicht hängen. Es kann tausend Gründe geben, warum sie nicht will oder kann. Es hat nicht unbedingt etwas mit dir zu tun!

– Probier mal Folgendes aus: Beim Einkaufen fährst du elegant hinter deinem «Opfer» her und nimmst einige Male hintereinander die gleichen oder ähnliche Produkte aus den Gestellen. Du gibst dich überrascht: «Oh, anscheinend gibts bei Ihnen das Gleiche zu essen wie bei mir...!» Versuche diesen Trick bitte nur, wenn du es auch rüberbringen kannst und über ein gewisses schauspielerisches Talent verfügst.
Renn nun aber nicht zur Schauspielschule, so wichtig ist dieser Tipp nun auch wieder nicht ...
Sollte sich daraus ein Gespräch ergeben, kannst du zum Schluss die Sache doch noch auflösen: «Ich danke Ihnen für dieses nette Gespräch. Übrigens war unser Zusammentreffen nicht zufällig. Ich muss Ihnen jetzt etwas beichten. Ich habe absichtlich die gleichen Produkte genommen wie Sie, weil ich Sie kennen lernen wollte. Sind Sie mir jetzt sehr böse?»

– An einer Party, Vernissage, im Pub usw. hältst du dein Glas gleich wie dein/e Flirtpartner/in. Achte auf die gleiche Körperhaltung und Aussprache. Du signalisierst damit, dass du mit ihm/ihr viel gemeinsam hast und mit der Art, wie sich dein/e Flirtpartner/in gibt, einverstanden bist und Gefallen daran findest. Das ist eine direkte Art der Schmeichelei.

– Nimm auch die Gelegenheit für einen schnellen Flirt wahr. Beim Warten auf den Zug, den Bus, die Strassenbahn, das Flugzeug oder auch in einer Schlange beim Anstehen.

- Frage im Restaurant die Person am Tisch gegenüber, wie das Gericht heisst, das er/sie vor sich hat, weil es so gut aussieht, dass du es auch gerne bestellen möchtest. Das gleiche funktioniert auch auf der Strasse. Du siehst jemanden, der etwas isst? Dann frage ihn/sie, wo er/sie das gekauft hat, und schlage ihm/ihr vor, doch dazu noch gemeinsam etwas zu trinken. «Vielen Dank für den Tipp, ich werde gleich auch eine Portion für mich holen. Darf ich Ihnen auch gleich noch etwas zu trinken mitbringen?»

- Frage beim Anstehen am Skilift jemanden um Rat, weil du heute das erste Mal hier bist (muss ja nicht unbedingt so sein!) und das Skigebiet noch nicht kennst. «Wo sind denn hier die besten Pisten?»
Vielleicht fährt ihr beide ja am gleichen Bügel nach oben ...
Oder bedanke dich für den Tipp mit einer Einladung ins Bergrestaurant zu einem wärmenden Getränk!

- Je nach Situation und mit einer gehörigen Portion Spontaneität könnte es auch so funktionieren: «Ich möchte Sie gerne zu mir zum Essen einladen, aber die Sache hat einen Haken: Ich kann nämlich nicht sehr gut kochen. Vielleicht möchten Sie trotzdem kommen, und wir kochen etwas zusammen?»

- Bezüglich Flirt am Arbeitsplatz kann man dafür oder dagegen sein.
Laut Statistik entstehen 30% aller Ehen am Arbeitsplatz. Mancher Arbeitgeber sieht es allerdings nicht sonderlich gerne, wenn allzu viel geflirtet wird, denn das geht zu Lasten der Arbeitsleistung. Wenns dann aber gefunkt hat, ist zu beobachten, dass wiederum viel mehr und besser gearbeitet wird – denn wer glücklich ist, arbeitet auch besser! Also flirte ruhig drauflos, geh auch mal in eine andere Abteilung oder setze dich in der Kantine für einmal nicht zu deinen Kollegen. Solltet ihr zwei euch verliebt haben, so behaltet es besser nicht für euch oder versucht es zu verheimlichen, sondern steht offen

dazu. Heimlichtuerei heizt die Gerüchteküche noch zusätzlich an. Gerüchte sind interessant und man verbreitet sie gerne weiter. Wenn es aber alle wissen, interessiert es gleich niemanden mehr!

– Wenn du dich nach einem Flirt wieder verabreden möchtest, schicke der Person deines Herzens doch einen selbstgemachten Gutschein (nicht auf dem Computer!) für einen Ausflug oder ein Mittagessen zu zweit.
Deine Eroberung zum Abendessen auszuführen, lässt du am Anfang besser sein. Jemanden zum Abendessen einladen ist viel intimer und erst zu empfehlen, wenn ihr beide euch schon einige Male getroffen habt. Wie wärs denn mit dem Mittagessen oder zum Dessert?

Kennst du den Schachtelgutschein? Nimm eine Kartonschachtel. Nein, nicht die deines Fernsehers, sondern eine viel, viel kleinere. Angenommen, du möchtest jemanden zum Essen einladen, so bastle doch ein Restaurant im Kleinformat. Dieses lässt du deinem Herzblatt auf irgendeine Weise zukommen. Möchtest du ins Kino? Dann mach das Gleiche und bastle ein kleines Kino in deiner Schachtel. Muss nicht perfekt sein. Ihr kennt euch schon näher und du möchtest ihn/sie zu einem kleinen Urlaub einladen? Vielleicht ein verlängertes Wochenende irgendwo am Strand? Dann schick ihm/ihr eine Schachtel voll Sand und dazu natürlich eine nette Karte. Na, ist das originell?
Der Erfolg ist garantiert!

– Noch ein Geschenk gefällig? Verschenke einen Stadtplan, auf dem der Weg zu deiner Wohnung eingezeichnet ist. Was das soll? Schreib oben drauf: «Der Weg zu meinem Herzen …»
Sei gespannt, wie er/sie darauf reagiert!

– Schick der Dame einen Strauss rote Rosen. Auf der beiliegenden Karte könnte zum Beispiel stehen: «Du hast mir erzählt, dass dein Arbeitstag immer sehr hektisch ist. Ich hoffe, diese Rosen machen deinen Tag ein wenig erträglicher und muntern dich ein bisschen auf!»

– Als Frau gehst du an Autoausstellungen oder an Computermessen und lässt dich beraten. So einfach geht das! Und erst noch mit Männerüberfluss.

– Das Gegenstück: Als Mann an eine Koch-, Küchen-, Haushalt- oder Fitnessmesse oder -aussstellung. Dass du dort viele Frauen treffen kannst, muss ich wohl nicht speziell erwähnen!

– Kannst du tanzen? Ja? Dann kennst du die Vorteile sicher. Nein? Dann lernst du es! Keine Angst, niemand wird sich in der Tanzschule über dich lustig machen, denn die sind ja alle auch dort, um es zu lernen. Es braucht übrigens gar nicht viel. Wenn du einige Grundschritte der wichtigsten Tänze beherrschst, dann bist du schon fast bereit für die Tanzfläche. Noch einen Fortgeschrittenenkurs belegen, und los gehts!
Im Veranstaltungsteil deiner Zeitung wirst du garantiert Tanzveranstaltungen finden. Nur keine Hemmungen beim Auffordern zum Tanzen. Sei freundlich und korrekt. Auch wenn du mal einen Korb bekommst, ist das keine Niederlage. Wahrscheinlich wirst du mit vielen Leuten tanzen und gar keinen Korb bekommen, weil eine grundlegende Bedingung bereits erfüllt ist: Ihr beide seid am gleichen Ort, und zwar, weil ihr tanzen wollt.
Trotzdem kann es dir passieren, dass du einmal abgelehnt wirst. Als Mann stösst man manchmal auf Damen, die zwar an Tanzveranstaltungen gehen, aber nicht tanzen – weil sie nur ihren Marktwert testen wollen. Sei wachsam und behalte solche Damen im Auge, wenn sie andere Männer stets abblitzen lassen. Lass sie links liegen!

– Auf einem Flug von Zürich nach Bangkok sass ich einmal neben einer Frau, die mich nach ungefähr einer Stunde ansprach:

«Entschuldigen Sie, darf ich Sie etwas fragen?»
«Sicher», antwortete ich, denn sie hatte mich ja sehr nett gefragt.
«Mein Hobby ist es, zu erraten, was die Leute von Beruf sind. Darf ich Ihren Beruf erraten?»
«Ja, gerne» war meine Antwort.
Also versuchte sie in den nächsten fünf Minuten, meine berufliche Tätigkeit zu erraten. Sie hat es nicht ganz geschafft. Darauf habe ich das Rätsel aufgelöst. Gemerkt habe ich natürlich nicht, dass sie das nur getan hat, um mit mir ins Gespräch zu kommen. Sie hatte sicherlich einfach nur das Verlangen, sich mit ihrem Sitznachbarn zu unterhalten, wenn der Flug schon elf Stunden dauert.
Das geht vielen so, nur weiss kaum jemand, wie man das Gespräch einleitet, und sowieso getraut man sich nicht. Sie aber hat es perfekt gemacht, denn wir haben uns stundenlang unterhalten. Danach haben wir uns in Bangkok verabschiedet. Mehr nicht. Sie ist weiter nach Vietnam geflogen und ich musste in Bangkok aussteigen. Ich habe diese Frau nie wieder gesehen. Auch haben wir nicht unbedingt geflirtet. So kann man das nicht nennen. Trotzdem ist mir diese Situation immer noch in bester Erinnerung. Es war einfach interessant und spannend, sich mit dieser Dame zu unterhalten.
Und was lernt man daraus? Unterschätze eine Situation nie, auch wenn sie anfangs noch so banal erscheint, es kann sich alles Mögliche daraus entwickeln!

Zwischendurch als Erinnerung:
Vergiss nicht, dass auch nur ein «Miniflirt» wie etwa das Fragen um Auskunft oder nach der Uhrzeit und das anschliessende (sehr freundliche) Bedanken und Verabschieden bereits einen Erfolg bedeutet!

Du hast mit jemandem Kontakt aufgenommen und wirst von Mal zu Mal, auch beim kleinsten und unbedeutendsten Wortwechsel, selbstsicherer und mutiger. Es gelten nicht nur die «grossen» Erfolge!

Gerade diese «Miniflirts» sind es, die unser Leben lebenswerter und interessanter machen. Du fühlst dich doch auch gut, wenn du den/die Verkäufer/in anlächelst und er/sie herzhaft zurücklächelt und dir dazu noch einen schönen Tag wünscht?

Wenn du an einem Montagmorgen zu jemandem speziell freundlich bist, wirst du doppelt so herzlich empfangen! Wenn du morgens zur Arbeit gehst, begrüsse die Leute im Lift doch mal mit einem freundlichen «Schönen guten Morgen!» anstatt dem alltäglichen Pflicht- und Standardwort «Morgen», das sich sowieso mehr aufgesagt anhört und nicht ehrlich gemeint ist.

Überwinde deinen «inneren Schweinehund» und wage es, denn du kannst es!

Und jetzt geht es weiter mit den Tipps und Anregungen:
– Als Frau liegt man gut, wenn man den Mann in ein Gespräch über Computer oder die Formel 1 verwickelt.

– Halte immer und überall die Augen offen. Du wirst so viele günstige Situationen erkennen.

– Im Kleidergeschäft schaust du dich ein bisschen um ... Wenn sich in deiner Nähe gerade jemand im Spiegel betrachtet, so sei nicht scheu und sage: «Steht Ihnen gut, sehr schön!» «Meinen Sie wirklich?» «Auf jeden Fall, Sie sehen damit toll aus!» Du solltest jedoch schon einige Minuten Zeit haben, denn es kann sein, dass du gleich als Privat-Modeberater «engagiert» wirst!

– Und noch ein ganz übler Spruch: «Kannst du schwimmen?» «Warum?» «Weil ich dich gleich ins Becken stossen werde ... oder kommst du freiwillig etwas trinken?»

– Man kauft sich einen kleinen Spielzeugbagger (kein Riesenteil, wo man reinsitzen kann ...!) und stellt ihn jemandem auf den Tisch. Über verwunderte Blicke muss man sich nicht wundern. «Was soll das?» «Ich möchte dich gern anbaggern!»

Eine Schweizer Fernsehstation war einmal bei mir im Kurs und machte einen Beitrag darüber. Im praktischen Teil gingen wir nach Zürich, wo ich den Kursbesuchern/-innen ebendiese Aufgabe gab. Du kannst dir vorstellen, was das für ein Gelächter war. Eine Kursbesucherin nahm den Bagger, überreichte ihn einem Mann und sagte: «Darf ich dich anbaggern?»
Bingo! Er hatte angebissen! Es sei schon etwas speziell, wenn gleich jemand einen Bagger mitbringe, meinte er.
Daraufhin hatte ein Kameramann die Idee, dass ich als Kursleiter das doch auch noch machen und allen mal zeigen sollte, wie es denn ginge.
Aha.
Netterweise wurden mir gleich noch zwei Damen zugewiesen, die ich nun mit dem Bagger ansprechen sollte. «Auf, auf, und los gehts!», hiess es. Ob ich wollte oder nicht, hat niemanden interessiert. Auch dass ich die zwei Frauen bis dahin nur von hinten gesehen hatte, war allen egal.
Also nahm ich kurz entschlossen und unter ziemlichem Erwartungsdruck meinen Bagger und ging zu den beiden hin. Natürlich völlig unauffällig ... nur begleitet von zwei Kameras und taghell leuchtenden Lampen. Ich sprach die zwei an, setzte ihnen den Bagger auf den Tisch und erklärte ihnen, dass dies das Symbol dafür sei, dass ich sie anbaggern wolle. Die eine sagte gar nichts und grinste nur, die andere meinte, auf diese Weise – mit einem Bagger – sei es völlig daneben ...
Voll daneben getroffen!
Auf die Frage, ob ich mich denn zu ihnen setzen dürfe, bekam ich wenigstens ein «Ja» zu hören. Ich atmete auf. Doch sogleich kam das nächste Problem auf mich zu: Es fehlte ein Stuhl! In einem vollen Lokal einen Stuhl zu bekommen, war ziemlich schwer. Doch jemand erbarmte sich meiner und gab mir einen.
Nun ja, wir haben etwa zwanzig Minuten miteinander geredet und es war recht interessant. Dieses bekam die Nation aber nicht zu sehen, als der Bericht gesendet wurde, sondern nur den allgemeinen Kursbericht, wie die Kursbesucherin mit dem

Bagger Erfolg hatte und wie ICH abgeblitzt bin. Insgeheim hatte ich gehofft, diese Szenen würden rausgeschnitten …

Ich war nicht zu Hause, als es gesendet wurde, sondern hatte mein Videogerät programmiert. Ich bekam allerdings Anrufe von einigen Kollegen, die meinten, der Auftritt wäre voll peinlich gewesen. Ich könne mich in nächster Zeit nicht mehr auf die Strasse wagen!

Abgesehen davon, dass es nicht so schlimm war – es war schliesslich eine Unterhaltungssendung –, habe ich mir überlegt, was denn da falsch gelaufen war.

Ganz klar: Man soll nur jemanden ansprechen, den man auch ansprechen will, und nicht weil es einem jemand sagt. Dann sollte man diese Person schon mal von vorne gesehen haben! Auch muss man in Betracht ziehen, dass man sich im besten Falle dazusetzen darf. Also sollte eine Sitzmöglichkeit vorhanden sein.

Dieses Beispiel zeigt uns, dass bei einem selbst nicht alles funktioniert, nur weil es bei jemand anderem geklappt hat. Und überhaupt, was solls? Ich war schiesslich freundlich, korrekt und anständig. Wichtig ist, dass man es sich nicht zu Herzen nimmt, wenn man einen Korb bekommt!

– Als ich einmal in Zürich mit jemandem durch die Gassen schlenderte, lief eine Gruppe junger Frauen an uns vorbei. Plötzlich sagte eine zu uns: «Hallo zusammen!»
Die Verwunderung unsererseits war gross. Darauf meinte sie: «Gell, ihr kennt uns nicht …?»
«Nein» war unsere Antwort. «Doch, ihr habt uns doch gerade kennen gelernt!» Daraufhin zogen sie lachend weiter, und wir standen da wie die Affen – ausgetrickst!

– Warst du schon mal an einer Vorlesung? Wenn nicht, versuche es einmal, auch wenn du den/die Autor/in nicht kennst. Informiere dich einfach vorher über ihn/sie. Dazu kann dir eine Buchhandlung oder das Internet helfen. Natürlich gehst du frühzeitig hin, damit du genau siehst, wer den Raum oder den Saal betritt. Setze dich in die hinteren Reihen, da hast du die grösste Übersicht. Willst du mehr über den/die Autor/in wissen, so frage doch einfach jemanden! Man wird dich gerne aufklären. Nutze die Pause für Gespräche, nach der Vorlesung ist schnell niemand mehr da!

Lade doch die Person, mit der du gesprochen hast, auf ein Glas Wein ein. Erkundige dich, wann die nächste Vorlesung ist: «Am 19. ist nochmals eine Lesung, die ich wahrscheinlich besuchen werde. Sind Sie auch wieder dort anzutreffen?» Vielleicht geht ihr sogar zusammen hin?

Solltest du niemanden kennen lernen, so hast du immerhin einige Zeit in Ruhe verbracht. Und das ist in unserer hektischen Zeit auch nicht schlecht.

- Du bist vorwiegend mit deinem Auto unterwegs? Dann fahr trotzdem mal mit der Bahn. In deinem Auto sind die Chancen, jemanden kennen zu lernen, nämlich sehr bescheiden ... Auch hier gilt: Wenn du früh am Bahnsteig bist, kannst du die ankommenden Leute genauer unter die Lupe nehmen und dir eventuell schon eine/n Flirtpartner/in aussuchen.

Das funktioniert natürlich nur auf Strecken, wo die Leute die Plätze nicht vorreservieren. Sprich eine interessante Person an und erkundige dich, ob dieses der richtige Bahnsteig nach einem bestimmten Ort ist.

Nachdem der Zug eingefahren ist, folgst du unauffällig der Person deiner Wahl und setzt dich in ihr Abteil. Natürlich nicht, ohne zu fragen, ob der Platz noch frei ist.

So, nun fährt der Zug, und es stellt sich die Frage: Über was spricht man? Nimm – wie gelernt – die Situation als Anhaltspunkt, das heisst die Landschaft, den Zielort usw.

«Entschuldigung, fahren Sie auch nach Frankfurt?» oder «Eine schöne Landschaft, finden Sie auch? Ich fahre diese Strecke viel, aber die Gegend hier fasziniert mich immer wieder.» Wie wäre es mit: «Weisst du, ob der Speisewagen vorne oder hinten im Zug ist? Ich bekomme langsam Durst. Hast du

Lust auf einen Drink? Wer weiss, vielleicht gibt es noch etwas Feines zum Essen?»

Als Mann hilfst du einer Dame, den Koffer oder die Tasche ins Gepäckfach zu verstauen. Dafür wirst du einige Punkte gutgeschrieben bekommen, die für spätere Flirts von Vorteil sein können.

Kennst du die Züge, in denen die Abteile durch eine Türe vom schmalen Gang getrennt sind? Gerne verlassen die Fahrgäste die Abteile, um etwas «frische Luft» in den Gängen zu schnappen. Ein idealer Ort, um sich kennen zu lernen. Zudem sind diese Gänge so eng bemessen, dass man sich automatisch näher kommt.

– Du hast jemanden kennen gelernt und tust so, als könntest du aus der Hand lesen. «Ich sehe, dass du eine sehr interessante Person bist und dass du jemanden ganz in deiner Nähe ziemlich nervös und kribbelig machst …!» Was dein/e Flirtpartner/in wohl dazu sagen wird?

– Die städtische Bücherei, wo du Bücher und andere Medien ausleihen kannst, ist ideal, um mit jemandem ins Gespräch zu kommen. Sieht sich dein Flirtopfer gerade bei den Krimis um und du liest auch Krimis, so sprich ihn/sie an und frage, ob er/sie dir ein spannendes Buch empfehlen kann. Ausserdem kannst du abchecken, welche Art von Literatur jemand mag, indem du einfach nur deine Augen offen hältst und beobachtest, vor welchen Bücherregalen er/sie sich aufhält.
Frage eine/n Angestellte/n, wo sich welche Bücher befinden. Das sollte keine Schwierigkeit darstellen. Weiter gehts mit der nächsten Stufe: Frage eine/n anwesende/n Kunden/-in um Auskunft.
Viele Büchereien bieten auch den Service an, kostenlos Zeitschriften zu lesen. Dazu ist meistens eine gemütliche Sitzecke eingerichtet, in der man einfach ins Gespräch kommen kann. Schau aber nicht nur in deine Zeitschrift, sondern auch mal über deren Rand hinweg und nimm Blickkontakt mit einer

interessanten Person auf. Vergiss dabei auf keinen Fall zu lächeln!

Eine Kursbesucherin erzählte mir, sie habe einmal etwa zwei Stunden lang aufs Heftigste und ausschliesslich per Augenkontakt mit einem Mann geflirtet. Sie habe sich währenddessen und auch danach gefragt und gewundert, wie so etwas überhaupt möglich sei, ohne dass nach einer gewissen Zeit der eine aufgibt und das Handtuch wirft. Überraschenderweise sagte sie, sie habe gar kein Bedürfnis gehabt, den Mann kennen zu lernen. Dieser heftige Augenflirt habe ihr absolut gereicht. Und ihm anscheinend auch. Die beiden haben einander regelrecht hypnotisiert. Auch solche Erlebnisse kommen vor.

- In fast jedem Ort gibt es Copy-Shops, wo man seine Fotokopien machen kann. Teilweise findet man Fotokopierer auch an den Bahnhöfen. Du triffst dort auf ein bunt gemischtes Publikum. Ein idealer Ort, um mit den anwesenden Leuten ein kleines Gespräch zu führen, denn alle sind am Warten und freuen sich sicher über einen kleinen Schwatz.

Copy-Shops in der Nähe von Schulen und Universitäten haben auch das entsprechende Publikum.

«Entschuldigung, wissen Sie, wie man dieses Gerät bedient?» oder «Sorry, weisst du, wie man hier vergrössert?» Wie wärs mit «Weisst du, ob man hier auch auf farbiges Papier drucken kann?»

Du weisst ja, du sollst immer die Situation als Anhaltspunkt für Gespräche nehmen. Wirf einen Blick auf die Vorlage respektive die kopierten Seiten deines/r Flirtpartners/-in:

«Entschuldigung, wenn ich so indiskret auf Ihre Kopien gucke, aber mir ist aufgefallen, dass Sie etwas über die Malediven kopieren. Waren Sie schon einmal dort? Ich ringe schon lange damit, dort einmal Urlaub zu machen, kann mich aber nicht recht entscheiden.» Wenn du dann einige Informationen bekommen hast, fragst du dein Gegenüber, ob du ihn/sie zu einem Kaffee einladen darfst, um dich zu revanchieren.

- Warst du schon mal auf einem Flohmarkt? Geh einmal hin! Du wirst staunen, was so alles zum Verkauf angeboten wird. Auch wenn du nichts kaufen willst, ist ein Flohmarkt immer einen Ausflug wert. Insbesondere wegen der Bekanntschaften, die du dort machen kannst. Übrigens triffst du kaum auf Leute, die im Stress sind, denn Flohmarktbesucher haben in der Regel viel Zeit.
Misch dich unter die Leute und begebe dich neben deine/n Flirtpartner/in. Wenn er/sie etwas hochhebt, um es genauer anzuschauen, bemerkst du: «Ein sehr schönes Stück, sammeln Sie solch alte …?»
Vielleicht hast du in deinem Keller oder Estrich einige alte Dinge, die du loswerden willst? Dann erkundige dich beim Flohmarktveranstalter, wie du einen Standplatz bekommst. Du wirst den ganzen Tag die verschiedensten Leute an deinem Stand haben und mit ihnen flirten können. Da um jeden Preis gefeilscht wird, kannst du bei einer Person, die dich speziell interessiert, sagen: «Also gut, Sie bekommen es zu diesem Preis. Aber nur, wenn Sie mit mir nachher noch einen Kaffee trinken gehen …!»
Dasselbe geht natürlich auch als Besucher: «Wenn Sie es mir zu diesem Preis verkaufen, lade ich Sie nachher noch zu einem Kaffee ein!»
Wie wäre es mit «Ich helfe Ihnen gerne, nachher die Kisten hinunter zu bringen, wenn Sie anschliessend noch einen Kaffee mit mir trinken gehen!»

- Mit Vorteil suchst du dir für deine Flirts Personen aus, die alleine unterwegs sind. Die zwei Herren im Anzug mit Aktenkoffer werden sich wahrscheinlich nicht gross für dich interessieren. Ebenso verhält es sich mit zwei Frauen, die auf Shopping-Tour sind. Die unterhalten sich nämlich sehr gut alleine und brauchen dich nicht dazu.

- Wie immer suchst du Gemeinsamkeiten mit deinem/r Flirtpartner/in. So auch in der Fussgängerzone. Irgendwo triffst du sicher auf einen oder mehrere Strassenmusikanten. Bleib stehen und hör zu. Andere tun es auch. Da haben doch wieder ein paar anwesende Leute etwas gemeinsam ... Na, fällt der Groschen?

– Setz dich in ein Strassencafé. Aber so, dass du eine gute Übersicht hast, nämlich weiter hinten. Hier ist es für einmal nicht von Vorteil, wenn du in der ersten Reihe sitzt! Neben dir liest eine interessante Person ein Buch: «Entschuldigung, ich sehe, Sie lesen ..., wie finden Sie dieses Buch? Ich habe mir auch schon überlegt, es zu lesen.»
Zwischendurch kannst du als reine Übung jemanden ansprechen und nach dem Weg, zum Beispiel zum Bahnhof, fragen. Auch wenn du ihn schon kennst! Das hat natürlich nichts mit Flirten zu tun, du erhältst damit aber mit der Zeit einiges an Routine und Selbstvertrauen, damit du dich in einer «richtigen» Situation ruhiger verhältst.

– Beim Einkaufen ergeben sich immer wieder Flirtmöglichkeiten. Sei es, indem du nach Produkten fragst, dich von Kunden/-innen oder Angestellten beraten lässt oder sonst irgendetwas.
In vielen Geschäften gibt es ab und zu Degustationen von neuen Produkten. Gesell dich zu den Leuten, die sich um den Degustationsstand herum aufhalten, und du wirst sofort Kontakt finden.
«Hm, sehr fein, nicht wahr? Bei diesen Appetithäppchen bekommt man direkt Hunger. Es ist ja gleich Mittag. Hätten Sie Lust, einfach so spontan mit mir ins Strassencafé dort drüben zu gehen, um einen Happen zu essen?»
Achte darauf, was die Leute kaufen. Jemand mit Windeln und Familienpackungen im Einkaufswagen lebt vermutlich nicht alleine. Wer hingegen ein oder zwei Joghurt, ein kleines Brötchen, einen Liter Milch und zwei Tomaten einkauft, lässt dich schon aufhorchen! Wenn dein Gegenüber Hundefutter kauft und du ein ausgesprochener Hundegegner bist, kannst du es

bleiben lassen. Vielleicht hast du ja gern Hunde, aber bei jemandem, der den halben Wagen voll Hundefutter hat, darfst du ruhig fragen: «Wie ich sehe, haben Sie einen Hund. Was ist es denn für eine Rasse? Wissen Sie, ich finde Hunde toll!» Eventuell handelt es sich ja um einen Vorratseinkauf. Aber Vorsicht: Die Person hält sich womöglich ein Haustier, das man schon fast als halbe Kuh bezeichnen kann, was vielleicht nicht dein Ding ist, auch wenn du Hunde liebst.
Oder: «Ich habe dich zufällig beobachtet, du hast soeben Auberginen genommen. Kannst du mir einen Tipp geben, wie man diese zubereitet?»
Frag doch mal an der Käsetheke den/die Verkäufer/in, ob er/sie dir einen guten Käse empfehlen kann. Das habe ich auch schon getan und nicht schlecht gestaunt, als eine Frau neben mir sich auch gleich angesprochen gefühlt hat und mir zusammen mit der Verkäuferin einige feine Sorten empfohlen hat.
Übrigens gibt es Zeiten, in denen Singles mehr als sonst beim Einkaufen anzutreffen sind. Nämlich nach der Arbeit, so ab 16 Uhr. Morgens trifft man fast nur auf Mütter mit Kindern. Auch interessant, um die Kontaktaufnahme zu trainieren …
Über das Kind, das dich mit grossen Augen anschaut, kommst du in Kontakt mit der Mutter. Als mich kürzlich ein Kleinkind angestrahlt hat, sagte ich zur Mutter: «Schön, normalerweise fangen die Kinder an zu weinen, wenn sie mich sehen!» Diesen kleinen Scherz fand die Mutter irgendwie viel lustiger als ich selbst. Auf jeden Fall hat sie mich dann trotzdem mit ihrem Lachen angesteckt. Du siehst, in jeder Situation steckt ein gewisses Potenzial, um Kontakt aufzubauen.

− Treibst du Wintersport? Wenn nicht, so wärst du in der Skischule gut aufgehoben. Dort triffst du viele Leute, die genau aus demselben Grund dort sind wie du. Ihr könnt eure Erfolgserlebnisse sowie auch Niederlagen teilen. Egal, was überwiegt, es schweisst zusammen! Als Frau beziehst du den Skilehrer aber nicht in deine Flirterei ein, denn der ist sich daran gewöhnt, es gehört zu seinem Job, mit seinen Kundinnen zu flirten. Ihm liegt aus beruflichen Gründen viel daran, dass sich die Schülerinnen bei ihm wohl fühlen.

Am Skilift ergeben sich viele Flirtmöglichkeiten. Frag um Auskunft, wo hier die einfacheren respektive die schwierigen Pisten sind, wo die nächste Schneebar ist oder auf welchem Gipfel sich das beste Bergrestaurant befindet.

Du sitzt im Bergrestaurant natürlich nicht dort hin, wo ein ganzer Tisch frei ist, sondern hältst Ausschau nach einem Tisch, an dem interessante Leute sitzen und wo genau noch ein Plätzchen frei für dich ist! Auf der Sonnenterrasse sind alle gut gelaunt und einem Flirt nicht abgeneigt.

Noch ein Wort zu Sonnenbrillen: Sonst gelten sie als Flirtkiller, hier sind sie aber dringend nötig wegen der starken Sonneneinstrahlung. Bei bewölktem Himmel ist es dir überlassen, ob du eine tragen willst. Es werden dir ohne mehr Flirtmöglichkeiten eröffnet, weil man dir in die Augen schauen kann.

Wie in diesem Flirtkurs gelernt, hältst du die Augen immer offen und beobachtest die Menschen. Sitzt da jemand mit zunehmend sonnengeröteter Haut? Mach diese Person darauf aufmerksam und biete gleich deine Sonnencreme an. Das Gleiche tust du natürlich auch im Schwimmbad oder am Strand. Da du anständig bist, offerierst du NICHT, die Person gleich einzucremen, sondern lässt sie es selber tun!

«Entschuldigung, gehst du heute Abend als Leuchtturm aus?»
«Warum?»
«Deine Haut ist ziemlich gerötet, darf ich dir meine Sonnencreme anbieten?»
«Oh, danke.»
«Hier bitte. Hast du Lust, bei einem Drink etwas abzukühlen?»

Wieder zurück zum Skifahren: «Ich kenne mich hier nicht so aus. Kennst du ein gutes Lokal für das Après-Ski? ... Danke für den Tipp. Ich würde mich dafür gerne mit einem Drink revanchieren. Wie wäre es heute Abend um zehn Uhr in dieser Bar?»

- Ich kenne Leute, die gehen nicht ins Fitnessstudio, um Sport zu treiben, sondern um Kontakte zu knüpfen. Oder um beides miteinander zu verbinden. Man trifft sich vorher, während einer Pause oder nach dem Trainieren in einer Sitzecke oder an der Bar. «Du, wie heisst eigentlich dieses Gerät, an dem du immer trainierst, und für was ist es genau nützlich?»
Oder auf dem Fahrrad-Trainer: «Wohin fahren wir heute …? Fährst du sonst auch Fahrrad oder nur hier? Hast du Lust, einmal eine richtige kleine Tour draussen in der Natur zu machen?»
Oder lass dir von jemandem zeigen, wie du ein bestimmtes Gerät bedienen musst. Nach dem Training: «Du siehst sehr locker aus, ich jedoch bin fix und fertig. Tja, da muss ich wohl noch einiges nachholen. Anscheinend kommst du öfters hierher? … Ich hole mir etwas zu trinken. Möchtest du auch was?»
Du wirst in deinem Ort plötzlich Leute treffen, die du im Fitnesscenter schon mal gesehen hast. Sprich sie darauf an: «Hallo, kann es sein, dass ich Sie im Fitnesscenter schon mal gesehen habe?» Sicher, das mit dem «Kennen wir uns nicht von irgendwo?» ist alt und abgedroschen. Aber es kommt halt nicht so darauf an, was man sagt, sondern wie! Immer freundlich, korrekt und anständig sein, dann ist die Sache schon halb gelaufen.

- Als Frau: «Du hast genau zehn Minuten, um mich kennen zu lernen!» Er wird anbeissen!

- Stell dich mit einem Stadtplan in die nächste Ortschaft und frage um Rat. Jeder Mensch gibt gerne Auskunft, wenn er nett angesprochen wird. Natürlich lädst du dein Gegenüber als Dank zu einem Drink oder an einem strahlendem Tag zu einem Eis ein.

- Ein «Guten Appetit!» zum Nachbartisch wirkt Wunder. Vielleicht kommt man sich nachher etwas näher und prostet sich sogar zu. Dies habe ich schon persönlich erlebt.

- In vielen Ortschaften gibt es Schunkellokale mit volkstümlicher Musik, Holztischen und -bänken. Hier bist du richtig, hier gibts schnell mal Körperkontakt – denn es wird auch getanzt, wenn auch nicht immer ganz so, wie man es in der Tanzschule gelernt hat. Es ist einfach Feststimmung. Die Leute stehen zwischendurch auf die Bänke und singen mit. Dabei hängt man sich ein und schunkelt, was das Zeug hält. Hier wird meistens Bier getrunken. Als bekennender Alkoholgegner bist du hier allerdings falsch. Scheue dich nicht, spontan dem ganzen Tisch zuzuprosten!

- Versuche es mit: «Sie haben vorhin so nett gelächelt, dass ich Sie einfach ansprechen muss!»

- Wenn du etwas mutiger bist, dann vertausche deinen Einkaufswagen mit dem deines Flirtopfers. Du kannst deine Produkte anstatt in deinen in seinen/ihren hineinlegen oder den Wagen gleich verwechseln und mit dem anderen davonfahren ... Mal schauen, was passiert. Auf jeden Fall entschuldigst du dich sehr nett und bietest als Wiedergutmachung gleich einen Besuch im benachbarten Café an.

- Gehst du alleine in ein Lokal, zum Beispiel ein Pub, so findest du an der Bar sicher ein Plätzchen. Du wirst dich kaum alleine an einen Tisch setzen. Die Bar ist der ungezwungenste Ort, um Kontakte zu knüpfen, und du hast in den meisten Lokalen von dort aus einen guten Überblick über das Geschehen. Zudem kannst du, ohne aufzufallen, deinen Platz wechseln.

- Wenn du jemanden im Auge hast, den du gerne kennen lernen möchtest, so versuche, mit seinen/ihren Kollegen und Freunden in Kontakt zu kommen. Früher oder später wirst du auch die gewünschte Person kennen lernen. Über Bekannte lernt man andere und über diese wiederum andere Leute kennen. Aus nur wenigen Kontakten können ganz viele entstehen.

– Gehe an Orte, an denen die Geschlechtsverhältnisse extrem sind. Als Mann dorthin, wo viele Frauen und wenig Männer sind, und als Frau umgekehrt.

– An Partys klebst du nicht in den Sitzecken, sondern mischst dich unter die Leute, die zirkulieren. Am zwanglosesten ist sicher das Buffet. Auch auf der Terrasse oder dem Balkon bist du in guter und interessanter Gesellschaft.

– In einem Kochkurs lernst du ausser dem Kochen noch viele Leute kennen! Und dort bestätigt sich wieder die alte Regel: Da wo Gemeinsamkeiten herrschen, flirtet es sich einfacher. «Hast du Lust, vor der nächsten Lektion etwas zu üben und mit mir ein neues Rezept auszuprobieren?» oder «Hm, sieht das gut aus, darf ich so frech sein und einfach mal probieren? Willst du auch mal von meiner Sauce kosten?»

– Nimmst du dein Mittagessen normalerweise mit zur Arbeit? Dann lass es für einmal und geh in die Kantine. Dort warten nämlich viele interessante Menschen auf dich! Solche aus anderen Abteilungen oder je nach Firma auch aus anderen Firmen. Setz dich in die Nähe von Personen, die du noch nicht kennst. «Entschuldigung, ich glaube, ich habe Sie noch nie hier gesehen. Darf ich fragen, wo Sie arbeiten? In der Buchhaltung? Das ist ja gleich um die Ecke! Dass wir uns da noch nie begegnet sind ... Kommen Sie in der nächsten Kaffeepause mal vorbei?»

– Geh einfach mal dorthin, wo du sonst nie hingehen würdest. Du wirst neue Leute kennen lernen, neue Dinge erleben und vielleicht noch mehr ... Vielleicht wirst du «angesteckt» und findest zu einem neuen Hobby?

- Im Urlaub ist der Strand das absolute Bagger-Revier. Wenn dir das nicht gefällt, dann hältst du dich besser am Swimmingpool deines Hotels auf. Dort sind nämlich genau die Leute, zu denen vielleicht du gehörst. Sie stehen nicht auf das Sehen-und-gesehen-werden-Spiel respektive Baggern-was-das-Zeug-hält und halten sich lieber an einem ruhigeren, aber nicht minder flirtigeren Ort auf. Auch ist die Auswahl kleiner, aber feiner. Genau das Richtige für dich!

- An einem Klassentreffen triffst du auf mittlerweile verheiratete, aber auch auf ledige oder geschiedene, ehemalige Klassenkameraden.
Personen, die dir früher nicht speziell aufgefallen sind, können jetzt plötzlich ganz interessant werden …

- Wie sieht es bei dir in deinem Wohnhaus aus, finden Kennenlernpartys statt, wenn jemand neu eingezogen ist? Beziehst du eine neue Wohnung, so lade deine Nachbarn alle auf einen Apéro ein. Man wird diese Einladung gerne annehmen. Du musst dir nicht mal Mühe geben, die anderen kennen zu lernen. Das tun sie nämlich von alleine – sie kommen ja, um DICH kennen zu lernen!

- Gehst du immer zur gleichen Zeit einkaufen? Zu einer anderen Zeit triffst du auch andere Leute. Probier es aus, du wirst staunen.

- Wie wärs mal mit einer Wildwasserfahrt? Das Gruppenerlebnis schweisst zusammen. Es muss ja nicht gleich der wildeste Fluss sein. Auch auf einer bequemen, ruhigen Tour werden du und deine Kameraden/-innen zu einem Team, das aufeinander angewiesen ist. Ein Supergefühl!

- An Wochenenden verabredet man sich meist mit Freunden. Unter der Woche trifft man viel eher auf Personen, die auch mal spontan alleine ausgehen.

- Am Flughafen in den langen Schlangen vor den Check-in-Schaltern finden auch immer wieder nette Kontakte statt. «Ich glaube, unsere Ferien müssen wir uns zuerst mit Warten verdienen. Wohin gehts denn bei Ihnen?» «Müssen Sie nachher gleich weg oder haben Sie noch ein paar Minuten Zeit? Ich bin in Ferienstimmung und lade Sie hiermit spontan zu einem Drink ein!»
Auch beim Warten am Gate kannst du mit jemandem Kontakt aufnehmen. Vielleicht kennst du deinen Zielort noch nicht und erkundigst dich, wie es denn mit den Transfermöglichkeiten, sprich Taxis oder Bussen, aussieht. «Danke, für diese Tipps möchte ich Sie gerne am Zielflughafen auf einen Kaffee einladen, wenn Sie dann noch ein bisschen Zeit haben.»
Oder frag doch den/die Flugbegleiter/in, ob er/sie es organisieren kann, dass ihr mit jemandem die Plätze tauschen könnt?
Fragen kann man immer, keine falschen Hemmungen!
Natürlich hilfst du deinem/r Flirtpartner/in beim Verstauen des Handgepäcks und holst es am Ende des Flugs wieder herunter. Immer mehr Flüge sind reine Nichtraucherflüge. Das hat zur Folge, dass am Zielflughafen die Raucherräume sehr stark besucht sind. Bist du Raucher/in? Dann mach dich darauf gefasst, dass ihr in diesen Räumen eines gemeinsam habt: Ihr könnt endlich rauchen – das verbindet. Vorher hast du als Mann natürlich deiner Flirtpartnerin die Koffer auf den Gepäckwagen gehoben. Obwohl sie es auch selber gekonnt hätte, wird sie dir dafür dankbar sein.
Hast du jemanden getroffen, der seine Ferien alleine verbringen wird? Wenn es in deine Ferienpläne passt, so schlage ihm/ihr doch vor, dass ihr euch einmal trefft und etwas zusammen unternehmt. Dein Vorschlag wird sicher auf offene Ohren stossen. Andernfalls ist es auch nicht schlimm. Es ist keine Niederlage für dich! Du hast schliesslich keine bösen Absichten und hast nur ganz nett gefragt.

- Zwischendurch wieder einmal eine kleine Erinnerung: Beim Sprechen mit anderen musst du den persönlichen Bereich

jedes Menschen – eine Art Sicherheitsabstand – unbedingt respektieren. Rückst du jemandem näher als zirka eine Armlänge, dann dringst du in seinen Sicherheits- oder Intimbereich ein und bewirkst einen Rückzug.
Darum verkrampfen sich viele Leute im Lift oder in der Strassenbahn. Es ist zu beobachten, dass sich in so einer Situation niemand mehr in die Augen schaut. Achte bitte darauf, und wenn du merkst, dass dein Gegenüber wegen dir nervös ist, so mach einen Schritt zurück und nimm etwas mehr Abstand zu ihm/ihr.

– Im Museum oder in einer Ausstellung fragst du ganz einfach jemanden um einen Rat oder eine Auskunft zu den Ausstellungsobjekten. «Hallo, verraten Sie mir, wo Sie diesen Museumsführer herhaben?»

– Es gibt Reiseveranstalter, die speziell Reisen für Singles anbieten. Erkundige dich aber bitte vorher, wie das Durchschnittsalter der Teilnehmer ist, damit du keine Überraschungen erlebst. Auch über die Verteilung Männlein/Weiblein solltest du dich vorher ungeniert erkundigen. Das Verhältnis sollte doch etwas ausgewogen sein.

– Im Fernsehen gibt es zahlreiche Shows, wo Zuschauer dabei sein können. Darunter auch solche, die keinen Eintritt kosten. Die Besucher werden vor der Sendung meist mit Appetithäppchen verpflegt und anschliessend ins Studio geführt. Auch nach der Sendung besteht manchmal noch die Möglichkeit, etwas essen oder trinken zu gehen. Manchmal sogar geführt und kostenlos. Auch das Gesprächsthema stellt in so einer Situation keine Schwierigkeit mehr dar: die vergangene Sendung.
Warum meldest du dich nicht einmal zu einer Führung deines Lieblingsfernsehsenders an? Es ist interessant und lehrreich. Du erhältst Einblicke in diverse Berufe. Zudem lernst du viele Leute kennen. Und viele Leute lernen DICH kennen!

– An einer Party hältst du Ausschau nach Leuten, die soeben gekommen sind. Erfahrungsgemäss steht man als Neuankömmling etwas verloren im Raum. Nimm dich diesen Personen an. Sie werden es dir danken, wenn du sie unterhältst.
Sollte sich dein/e Flirtpartner/in als Schlaftablette entpuppen, so bediene dich folgender Notlüge: «So, ich muss mal schauen, was draussen noch los ist.» Oder: «Weisst du, wo der Gastgeber ist? Ich habe mit ihm noch etwas zu besprechen.»
Wie wäre es, wenn du den Gastgeber einfach bittest, dich mit einer Person deiner Wahl bekannt zu machen? Ja, so einfach ist es!

– Im Schwimmbad suchst du dir deinen Liegeplatz gründlich aus, indem du ein wenig umherschlenderst. Dort, wo sich Einzelpersonen niedergelassen haben, bist du richtig. Platziere dich einige Meter von deinem Flirtopfer entfernt. Nach einiger Zeit sprichst du ihn/sie an: «Darf ich so frech sein und Sie zu einem Eis einladen?» Oder bringe ihm/ihr auch ein Eis mit – ohne vorher zu fragen. «Möchten Sie auch eines?» Dümmer wird es, wenn du das Eis nicht loswirst. Dann hast du Pech gehabt und es schmilzt dahin. Vergiss in diesem Fall einfach, dass du diesen Tipp von mir hast …!
Die einfachere Variante ist die, vorher zu fragen, ob du ihm/ihr auch eines holen sollst.

– Im Urlaub: «Bist du im Reiseführer auch als Sehenswürdigkeit aufgeführt?»

– Überlege dir wieder einmal, wo du noch nie warst. Geh hin! Zum Beispiel an eine Sportveranstaltung, Ausstellung, in ein Museum oder einfach dorthin, wo sich andere Leute aufhalten. Meistens befindet sich da auch ein Restaurant, wo du dich verpflegen kannst und natürlich auch diverse Kontaktmöglichkeiten hast. Nimm als «Spielzeug» eine Zeitung mit, damit du dich an etwas festhalten kannst, wenn du dich alleine an einen Tisch setzt. Natürlich liest du nicht hoch konzentriert

darin, du sollst ja die Leute im Auge behalten. Idealerweise setzt du dich natürlich an einen Tisch, an dem schon andere sitzen. Mit ihnen ins Gespräch zu kommen, dürfte nicht schwer fallen, denn die momentane Veranstaltung gibt sicherlich genügend Stoff für Gespräche. Auch an einem freien Tisch wirst du sicher bald Gesellschaft bekommen ...
Hör zu, was die anderen diskutieren, und bring dich ins Gespräch ein. So wirst du automatisch aufgenommen und fällst gar nicht auf. Aber aufgepasst: Es gibt einen Unterschied zwischen einbringen und einmischen ...!

– Auf dem Arbeitsweg bei strömendem Regen bietest du jemandem ein Plätzchen unter deinem Regenschirm an. Du wirst staunen, wie gerne man dieses Angebot annehmen wird! Zu diesem Zweck bewaffnest du dich nicht mit einem Mini-, sondern mit einem Zweipersonenschirm. «So, nun sind Sie im Trockenen. Wohin gehts denn? Ich sehe Sie jeden Morgen hier.» Wenn er/sie aussteigt: «Ich wünsche Ihnen einen schönen und vor allem trockenen Tag. Vielleicht treffen wir uns nach der Arbeit wieder und können unser Gespräch fortsetzen. Wann fahren Sie wieder zurück?»
Wenn du nicht gerade auf einer Buslinie bist, die du jeden Tag zur gleichen Zeit benützt, fragst du dein Gegenüber um Auskunft. Zum Beispiel, wann dieser oder jener Bus fährt oder etwas in dieser Art.
Um es wieder einmal zu erwähnen: Ein einfaches «hallo» zu jemandem, den du jeden Morgen siehst, wirkt Wunder. Du brauchst dir davon im Moment gar nicht viel zu versprechen, nach ein paar Tagen werdet ihr euch aber irgendwie näher kommen. Vielleicht brauchst du gar nicht mehr die Initiative zu ergreifen – dein/e Flirtpartner/in nimmt dir diesen Schritt unter Umständen ab ...!

– Verabrede dich doch einmal mit deinen Kollegen/-innen zu einem Flirttag. Versucht, mit möglichst vielen Leuten in Kontakt zu kommen. Am anderen Tag trefft ihr euch und tauscht eure Erfahrungen aus. Da wird einiges dabei herauskommen!

– Ich weiss, ich wiederhole mich. Ich würde es nicht tun, wenn es nicht unheimlich wichtig wäre. Benütze ab und zu das schon fast magische Wort «hallo». Sag zu jemandem, den du öfters siehst, einfach jedes Mal «hallo». Diese Person wird plötzlich auf dich aufmerksam werden. Ich habs probiert, und glaube mir, es funktioniert!

– An Veranstaltungen bist du ideal platziert, wenn du dich in der Nähe von Verpflegungsständen aufhältst. Nicht dort, wo die grosse Masse ist. Ausser es ergibt sich zufällig, dass du neben einer interessanten Person stehst. «Ich bin gerade gekommen, welche Mannschaft führt?» «Welche Mannschaft ist dein Favorit?»

– Bei einem Konzert hast du die besten Kontaktmöglichkeiten vor Beginn. Du wählst deinen Platz sorgfältig aus. Eventuell gibt es eine Pause. «Darf ich dir ein Eis oder etwas zu trinken mitbringen?» Nach der Veranstaltung leert sich der Veranstaltungsort ziemlich schnell, also hast du dann wenig Chancen für Flirts.

– Im Urlaub ist man sowieso gelöster und fühlt sich freier als im Alltagsleben. Man fährt schliesslich weg, um Spass zu haben. Flirts und Kontaktaufnahmen fallen leichter. Eine grundlegende Bedingung ist nämlich schon erfüllt: Alle beteiligten Personen haben eines gemeinsam, sie machen Ferien! Und alle wollen sich amüsieren. Es gibt so viele unverbindliche Flirtmöglichkeiten wie nie sonst.
Auch wenn manche Ferienliebe nicht auf Dauer besteht, ist doch nicht davon abzuraten, zu flirten, was das Zeug hält! «Hallo, kennt ihr euch etwas aus hier? Habt ihr uns vielleicht einen Tipp, wo die Post abgeht?» Als Dankeschön werden diese Leute gleich dorthin eingeladen, ist doch klar.

Oder: «Ich habe mir heute vorgenommen, die erste interessante Person, die ich treffe, zum Essen einzuladen. Willst du mein Opfer sein?» Wenn er/sie nicht will, machts nichts, dann kommt eben der/die nächste dran! Mach dir nichts draus, du wirst dich nicht blamieren, denn du warst ja höflich. Niemand wird später auf dich zeigen, weil du einen Korb bekommen hast.
Du hast es immerhin probiert. Schlimmer wäre es, wenn du es nicht versucht hättest!
Wie wärs mal mit einem Ausflug, anstatt nur faul am Strand zu liegen? Diese geführten Gruppenreisen sind ideal, um neue Bekanntschaften zu machen. Erkundige dich aber beim Veranstalter, wie es mit dem Altersdurchschnitt der Teilnehmer/-innen aussieht. Belege doch spontan einen seriösen Tauchkurs. Nicht einen, der nach dem Motto läuft: «Ferien kurz – der Tauchkurs auch. Bezahlen bitte vorher, denn auftauchen wird eh nur die Hälfte ...»
Oder die harmlosere Version: einen geführten Ausflug zum Schnorcheln. Ein tolles Erlebnis, die Natur unter Wasser zu sehen. Ausserdem gibts nachher tonnenweise interessante Gespräche unter den Teilnehmern/-innen.

- Kürzlich passierte mir Folgendes: Ich kam an eine Tankstelle gefahren und musste hinter einem Wagen anhalten, der bereits an der Zapfsäule stand. Beim Zumachen des Tankdeckels rutschte dem Mann der Deckel aus der Hand und rollte genau unter mein Auto.
Bingo!
Der Kontakt war hergestellt. Und schade zugleich, weil ich ein Mann bin und er auch einer war. Eine Dame wäre mir lieber gewesen. Trotzdem amüsierte uns beide die Situation sehr, und wir lachten, als ich zurückfahren musste, damit er seinen Deckel wieder aufnehmen konnte. Zu einer Dame hätte ich spontan gesagt: «So, das kostet aber jetzt schon fast einen Kaffee!» In diesem Falle liess ich es bleiben. Trotzdem war es eine nette Situation, an die ich noch gerne zurückdenke.

Bezüglich Tankstelle und Auto bist du als Frau natürlich am längeren Hebel. «Können Sie mir helfen, mein Öl zu kontrollieren?» Überhaupt alle Fragen rund ums Auto werden von Männern gerne beantwortet. Später trifft man sich wieder im Tankstellenshop, wo manchmal auch noch ein paar kleine Tische stehen, um sich einen Kaffee zu genehmigen.
«Vielen Dank fürs Helfen. Ich möchte Sie dafür zu einem Kaffee einladen, damit Sie für die Weiterfahrt wieder gestärkt sind.»

– Ein Kollege von mir hat im Stau eine Frau kennen gelernt, indem er ihr durchs Fenster ein Blatt Papier zeigte, worauf er spontan eine Kaffeetasse gezeichnet hat. Er dachte sich, wenn man im Stau steht und sehr schleppend vorankommt, so könnte man doch diese Situation nutzen, um die Dame im Nachbarauto kennen zu lernen.
Es hat geklappt, die beiden haben die Fenster heruntergelassen und verabredeten sich an der nächsten Raststätte zu einem Kaffee. Es sei zwar nicht mehr daraus geworden, meinte er, aber schön sei es trotzdem gewesen. Herrlich.
Ich habe gehört, dass es zu diesem Zweck sogar spezielle Flirtkellen mit verschiedenen Aufschriften gibt, wie zum Beispiel «Kaffee?». Das sieht zwar etwas vorbereitet aus und erweckt den Eindruck, dass man es des Öfteren so macht, aber warum soll man es nicht einmal versuchen?

– Vergiss als Mann die Gummis nicht. Was heisst da «als Mann»? Als Frau natürlich auch! Man weiss ja nie, und zudem ist es ein – entschuldige meine Wortwahl – beschissenes Gefühl, wenn dir im Nachhinein unter Angstgefühlen bewusst wird, dass du aus lauter Geilheit keine Zeit und keine Lust hattest, eine «zweite Haut» zu montieren!

– In Waschsalons gibt es – wegen der langen Wartezeiten – immer wieder Flirts. Man braucht Wechselgeld, weiss nicht, wo das Waschpulver zu beziehen ist, und wenn doch, gibt es sicher verschiedene Pulver im Automaten. Da lässt man sich von einer netten Person helfen oder ist aufmerksam und bietet selber seine Hilfe an. Ich habe einmal von jemandem gehört, der mit einigen Flaschen Wein und Gläsern in den Waschsalon kam und, während seine Wäsche in der Maschine war, alle Anwesenden eingeladen hat. Die Party war perfekt!

Ach ja, hier gibt es noch einen wertvollen Tipp: Wenn du auf die Körbe mit der schmutzigen Wäsche deines Gegenübers achtest, wirst du feststellen, ob er/sie alleine wohnt oder nicht. Wenn die Dame Herrenhosen oder Kinderkleider wäscht, dann ist bei ihr nicht viel zu wollen. Ebenso verhält es sich bei einem Herrn, der BHs und Damenslips wäscht. Dieser Herr ist vermutlich schon vergeben – ausser er ist Damenwäschefetischist ...

Und immer wieder ans Bedanken denken und an die anschliessende Einladung zum Kaffee. Diese «Masche» ist zwar uralt, ist aber immer aktuell, und wenn es nett rüberkommt, ist alles in Ordnung.

– Auch wenn ich nicht glaube, dass ein solcher Spruch zum Erfolg führt, möchte ich ihn dir nicht vorenthalten: «Ich bin so schlecht im Bett, das musst du unbedingt mal mitgemacht haben!»

Flirtumfrage

Über die Zeit von ungefähr einem Jahr habe ich auf meiner Website **www.flirtkurs.ch** eine Flirtumfrage gemacht, in der ich die Besucher/innen aufgefordert habe, einige Dinge bezüglich ihres Flirtverhaltens zu erzählen. Im Folgenden also einige Zitate und Auszüge aus den Umfrageformularen.
Vorher aber noch ein herzliches Dankeschön an alle, die sich die Mühe gemacht haben, die Fragen zu beantworten.

Von den vielen Einsendungen waren 53% Frauen und 47% Männer.
Bezüglich «Flirten Sie viel?» waren die Antworten bei den Punkten «viel», «manchmal» und «selten» ziemlich gleichmässig verteilt. «Nie» haben zwei Frauen angekreuzt. Die eine hat dann aber gleich geschrieben, dass sie am liebsten in einer Bar oder Disco flirtet – ja, was denn nun?
Die andere meinte, sie flirte nicht aktiv, denn wenn ihr ein Mann gefalle, so sei sie irgendwie blockiert. Sie möchte ihm nicht zeigen, dass sie sich für ihn interessiere. Ansonsten käme sie schon mit anderen in Kontakt, zum Beispiel auf Schiffen und bei Wanderungen. Auch habe sie es natürlich gerne, wenn sie angesprochen werde. Nur käme dann immer das oben beschriebene Problem zum Vorschein. Vielleicht hilft ihr dieses Buch.

Auf die Frage «An welchen Orten flirten Sie am liebsten?» bekam ich folgende Antworten:
– überall
– Disco
– Bar
– Clubs
– Restaurant
– Strasse
– Bushaltestelle und im Bus
– Ferien (Winter fast noch einfacher als Sommer)
– Bahnhof

- Zug
- Flugzeug
- Internet
- Tanzschule
- Pub
- Sommernachtsparty/allgemeine Partys
- Schule
- Kirche
- Kaufhäuser an der Kasse
- «In fröhlicher, geselliger Runde, aber nur mit Männern, welche auf mich einen positiven Eindruck machen und auch einmal Sprüche vertragen, die unter die Haut gehen.»
- «In alltäglichen Situationen beim Einkaufsbummel. Im Fitnesscenter, beim Haareschneiden mit der Friseuse. Überall, wo es zufällig entsteht und es eigentlich gar nicht geplant war zu flirten. Man müsste vielleicht zuerst definieren, wo die Grenze zwischen einfacher Höflichkeit bzw. Freundlichkeit und Flirten zu ziehen ist.»
- «Ich kann nicht sagen, wo, kommt immer darauf an, wer es ist.»

Hier einige Antworten zur Frage «Wie komme ich mit den anderen in Kontakt?»:
- Augenkontakt, Blickkontakt
- beim Tanzen
- bei der Arbeit
- «Ich spreche sie an und verwickle sie in ein Gespräch.»
- «Sie haben aber einen süssen Hund …!»
- «Zuerst in die Augen sehen, und wenn nur ein bisschen Interesse zu erkennen ist, einfach irgendetwas sagen.»
- «Körpersprache beachten und die Leute ansprechen.»
- «Sie auf etwas ansprechen, was mir aufgefallen ist. Funktioniert aber nicht immer.»
- «Das variiert je nach Situation und Ort.»
- «Ich stelle mich manchmal absichtlich kurz ungeschickt an und gestehe dann den Frauen, dass sie schuld sind, mit fol-

gender Aussage: ‹Ihr Frauen seid schuld. Ihr bringt mich mit eurem Charme aus dem Konzept. Da passieren mir im Nachhinein oft die unmöglichsten Dinge!› Fast immer fühlen sich die Frauen geschmeichelt und amüsiert. Dann ist es leichter, das Gespräch und den Flirt weiterzuführen.»
- «Ich mache einfach eine Bemerkung über ihre Haarfarbe und Frisur, die ihr gut steht. Oder darüber, wie sie es versteht, sich attraktiv zu kleiden und zugleich sehr sexy zu wirken.»
- «Ich frage nach Informationen wie folgt: ‹Kennen Sie vielleicht eine Tanzschule, wo auch so ungeschickte Wesen wie ich mit Sternzeichen Steinbock das richtige Tanzen lernen können?›»
- «Ich lasse aus Versehen eine speziell gestaltete Visitenkarte aus dem Portemonnaie fallen, sodass die Frau die Karte sehen kann, und mache dann beiläufig eine Bemerkung wie ‹Oh, das ist meine spezielle Flirtvisitenkarte ...!›»
- «Das Wichtigste ist, den ersten Satz auszusprechen, um damit eine lustige und entspannte Atmosphäre zu schaffen.»
- «In dem Hotel/Restaurant, wo ich Geschäftsführerin bin. Man trifft täglich Leute, die es gerne lustig haben, einfach wieder einmal einen Tapetenwechsel suchen oder sich über dieses und jenes unterhalten möchten. Einfach so, zum Gedankenaustausch.»
- «Einfach ein Gespräch beginnen.»
- «Ich schaue sie einfach an ...»
- «Bei asiatisch aussehenden Leuten: Ich frage die Person, ob sie auch aus Kambodscha sei. Ich selber bin aus Kambodscha. Da mir Latinomusik gefällt und ich auch etwas Salsa/Merengue tanzen kann, fordere ich manchmal die Damen auf. Meistens sind es aber schon Bekannte, zum Beispiel die Kollegin meiner Kollegin oder so ... Bei fremden Personen bin ich schon eher scheu.»
- «Auf dem Männerklo, wenn es um Frauen geht.»

Welche Art und Weise bevorzugen Sie, um angesprochen zu werden? Hier einige Antworten auf diese Frage:
- «Ganz normal, ohne Hintergedanken.»
- «Wenn jemand mich zum Tanzen auffordert.»
- «Du bist ja so herzig/süss!»
 (Anmerkung: Das hat ein Mann geschrieben ...)
- «Lächelnd, mit einer Frage.»
- «Nicht zu aufdringlich sein, immer freundlich und natürlich bleiben.»
- «Ich werde am liebsten offen und ehrlich angesprochen.»
- «Herzliche Offenheit und keine Schleimscheisser. Ich hasse es, wenn man mir nicht offen ins Gesicht sagen kann, was man von mir denkt. Ich möchte einfach so akzeptiert werden, wie ich bin, und sein, was ich bin.»
- «Ganz einfach ein klar unmissverständlicher, interessanter Blick oder eine Geste von Seiten der Frau. Wenn sie will, kann sie auch etwas sagen wie ‹Ich würde mich gerne ein bisschen mit Ihnen unterhalten›.»
- «Wie? Je nach Situation und Ort.»
- «Einfach ganz spontan und nicht künstlich.»
- «Unkompliziert, so wie einem der Schnabel gewachsen ist. Man kann übrigens nicht jeden Menschen sympathisch finden.»
- «Hallo, ich bin ...»
- «Mit Respekt und Anstand.»
- «Am liebsten ist mir, wenn jemand direkt auf mich zukommt.»
- «Nett, freundlich und mit spontanen Einfällen.»

Ich stellte die Frage, ob jemand einen Flirttipp habe.
- «Frauen haben es immer noch gern, umschwärmt zu werden.»
- «Die Männer sollten etwas gefühlvoller auf uns Frauen zukommen.»
- «Keine blöden Anmachsprüche. Nur hallo sagen. Vor allem locker und nichts Vorbereitetes.»
- «Flirten, bis sich die Balken biegen. Denn flirten hebt die Stimmung an und macht gute Laune. Und vielleicht merkt

dann auch der langjährige Partner, dass man noch für andere Menschen interessant sein kann ...!»
- «Nicht zu aufdringlich, freundlich, natürlich. Man darf nicht beim ersten Wortwechsel schon darauf hoffen, dass dieses sympathische Gegenüber einmal die Freundin sein könnte. Sonst ist die Enttäuschung danach zu gross. Einfach einmal aus Spass flirten!»

Als letzte Frage war noch der Punkt «anderes», wobei die Leute loswerden konnten, was sie sonst noch beschäftigte.
- «Der Inhalt des Gesprächs spielt nicht so eine grosse Rolle. Eher das Lachen und das Selbstbewusstsein.»
- «Flirten kann so etwas Schönes sein. Es geht manchmal auf und ab. Trotzdem sollte man immer am Ball bleiben. Oft sind die Personen viel zu sehr mit dem Tanzen beschäftigt, sodass sie vergessen zu flirten. Leider. Viele Personen, vor allem Frauen, flirten aus Spass und nicht an erster Stelle wegen der Suche nach einer Partnerschaft. Vielmals haben sie schon einen Freund, gönnen sich einen Frauenabend und verdrehen so manchen Männern den Kopf. Für einen Mann kann das sehr verletzlich sein.»
- «Die Frauen wurden in den letzten 30 Jahren mit Tausenden von Büchern und Frauenzeitschriften überschüttet, die ein negatives, unrealistisches Bild über Männer verbreiteten. So müssen heute oft Männer für die Fehler und Gefühlsunfähigkeit früherer Generationen von Männern büssen und sich beschimpfen lassen.
Ich wünschte, manche Frauen würden ein bisschen von ihrem ‹Böse Mädchen bringen es weiter›- und unabhängigen Powerfrau-Gehabe ablassen; und wenn sie ihre Ruhe haben wollen, sollen sie dies in einer anständigen Art und Tonlage sagen. Viele meinen immer gleich, man will nur den Macho spielen und sie möglichst schnell flach legen, während man nur die Absicht hatte, den Alltag für beide ein bisschen liebevoller und freundlicher zu gestalten und so genannte Streicheleinheiten zu verteilen. Stattdessen bekommt man böse Blicke als Dank.

Eine Absage wie ‹Vielen Dank, das ist sehr charmant von Ihnen, doch ich möchte im Moment lieber für mich sein› ist einfach leichter zu verkraften als eine lautstarke, aggressive Absage in aller Öffentlichkeit, wie sie mir auch schon passiert ist. Etwa so: ‹Wieso glaubt ihr Scheissmänner, dass wir immer einen Mann bei uns haben müssen und nicht auch einmal alleine an einem Tisch sitzen können?›
Ich muss gestehen, solche hasserfüllten Aussagen und Verhaltensweisen bestimmter Frauen können es auch schaffen, dass ich dann tage- oder wochenlang für mich bleibe, Frauen gegenüber eher verschlossen und distanziert bin, keine Freundlichkeiten mehr verteile und auch keine Flirt- und Kontaktversuche mehr unternehme!»

So viel zu meiner Flirtumfrage. Gerade die letzte Stellungnahme hört sich zwar etwas hart an, trotzdem wird sie sicher einigen Männern recht bekannt vorkommen.

Kleines Flirt-Abc

Zum Schluss noch einige Stichworte, die mit Kontaktaufnahme und Flirt zu tun haben. Sozusagen als Kurzzusammenfassung.

A

Abgelaufene Schuhe. Machen einen schlechten Eindruck. Wer etwas auf sich hält, achtet darauf.
Abschliessen. Und zwar mit der Vergangenheit. Du lebst jetzt und für die Zukunft. Du kannst höchstens aus der Vergangenheit lernen, um gewisse Dinge anders oder besser zu machen.
Alkohol. In kleinen Mengen enthemmend. Darüber hinaus wird es peinlich. Niemand mag betrunkene Leute.
Analysieren. Analysiere dich immer wieder selber. Nimm dein Flirt- und Kontaktverhalten genau unter die Lupe und versuche, Fehler zu erkennen und zu beseitigen.
Anbaggern. Die etwas gröbere Version von beflirten. Die Begriffe «Ansprechen», «Kennenlernen» oder eben «Beflirten» sind mir allerdings sympathischer.
Anbandeln. Ein anderes Wort für Flirt. Macht Spass und macht dein Leben lebenswerter.
Angeber. Sind nicht beliebt. Man will schliesslich eine Persönlichkeit vor sich haben, nicht jemanden, der nur eine vorzuspielen versucht.
Anmachen. Fällt in die gleiche Schublade wie Anbaggern. Wer lässt sich schon gerne anmachen? Frauen schon gar nicht.
Ansprechen. Lässt sich jeder Mensch gerne.
Anständig. Bist du auf jeden Fall. Wenn du anständig, korrekt und nett jemanden ansprichst, wirst du kaum abgelehnt.
Antiflirtkurs. Den hätten manche nötig, die trotz eindeutiger Signale des Gegenübers einfach nicht merken – oder nicht merken wollen –, dass sie lästig sind.
Aufmerksam sein. Beobachte und studiere deine Mitmenschen, wie sie miteinander umgehen und flirten. Sei aufmerksam, und du wirst Situationen erkennen, die du sonst nicht wahrgenommen hättest.

Augenbrauen. Anstatt jemandem zuzuzwinkern, kannst du hinschauen, lächeln und eine Augenbraue hochziehen. Das verleiht dir «das gewisse Etwas».
Augenkontakt. Das wohl Wichtigste beim Flirten. Egal, ob du nun schöne blaue Augen hast oder nicht: Nett schauen und dazu lächeln kann jede/r! Die meisten Flirts beginnen mit einem Augenkontakt (und einem Lächeln).
Auskünfte erfragen. Jeder Mensch gibt gerne Auskunft, wenn er nett angesprochen wird. Also nütze es aus!
Aussehen. Nicht so wichtig. Jedenfalls, was die Schönheit betrifft. Mach das Beste aus dir – von den Schuhen bis zu deiner Frisur –, dann siehst du mit Sicherheit gut aus!

B

Bars. Ideal für Flirts, da hier die Leute zirkulieren. Am Tresen hat man einen guten Überblick über die anwesenden Personen und «Flirtopfer».
Beflirten. Kannst du jede Person, die du interessant findest. Strahlst du Selbstsicherheit und Offenheit aus, so wirst auch du beflirtet!
Belohnen. Eine gute Möglichkeit, wenn du dir selber eine bestimmte Belohnung versprichst. Nun bist du gefordert: Willst du die Belohnung haben? Dann wage es und nimm mit jemandem Kontakt auf.
Beobachten. Aber so, dass es nicht auffällt. Dadurch lernst du viel über das Verhalten von anderen.
Berühren. Nicht betatschen! Feine Berührungen – zum Beispiel an den Händen, Armen oder an den Schultern – sind zu gegebenem Anlass in Ordnung. Ich meine wirklich feine, zarte Berührungen, also nicht gleich jemanden umarmen. Vor allem Frauen schätzen das nicht.
Bezahlen. Männer laden Frauen ein. Meistens jedenfalls. In modernen Beziehungen lädt aber auch die Frau den Mann ein. Ich hatte früher einmal eine Bekannte, die ich immer, wenn wir ausgingen, einlud. Als ich es dann einmal nicht machte, ging sie nicht mehr mit mir aus …

Blinddates. Sind eine interessante Sache. Stell dir aber nicht vor, auf eine/n mögliche/n Partner/in zu treffen. Freue dich darauf, eine interessante Person kennen zu lernen. Nicht mehr. Ein Blinddate soll Spass machen.
Blumen. Sind ideal als Geschenk oder kleine Aufmerksamkeit.
Bussi-Bussi. Für manche normal und alltäglich, andere verstehen es falsch, wenn sie plötzlich auf die Wangen geküsst werden.

C
Café. Ein guter Ort, um ungezwungen zu verweilen und sich die Leute etwas anzusehen. Nicht nur das, man kann auch toll mit ihnen flirten!
Camping. Hat etwas von Freiheit und Abenteuer und stärkt das Zusammengehörigkeitsgefühl. Auf einem Campingplatz oder an einem Openairkonzert mit Campingmöglichkeit ist man wie in einer grossen Familie. Man gehört zusammen und erlebt verschiedene Dinge.
Charmant. Bist du immer und überall. Das kommt gut an.
Chemie. Die muss stimmen zwischen zwei Menschen. Trotz allen positiven Anstrengungen kann es passieren, dass ebendiese Chemie nicht stimmt. Das lässt sich praktisch nicht ändern. Lass trotzdem den Kopf nicht hängen. Du kannst nichts dafür.
Clown. Sei witzig, aber mach nicht den Clown, denn der gehört in den Zirkus. Du wirst beliebt sein, wenn du immer den Kaspar machst, aber leider nur deswegen. Findest du das gut? Auffallen ist gut, aber bitte nur wegen deines (guten) Charakters!
Clubs. Auch ein Ort, wo du viele Leute kennen lernen kannst. Manchmal lernt man durch Bekannte wieder andere kennen. Die wiederum sind vielleicht Stammgäste in einem Lokal, und dadurch macht man immer wieder neue Bekanntschaften.
Cocktail. Trinkt jemand einen Cocktail, so erkundige dich, wie er heisst und was drin ist. Bestell einen und bedanke dich für den guten Tipp. Anstossen nicht vergessen!
Computermesse oder -geschäft. Für Frauen ideal, weil meist viele Männer anwesend sind, die bei Fragen und Problemen natürlich gerne behilflich sind.

D

Dazulernen. Kann man immer. Also sag nicht, flirten könne man nicht lernen.

Denke positiv. Dadurch geht es dir automatisch besser. Lass dich von Rückschlägen nicht aus der Bahn werfen. Mach kleine Schritte, dann sind die Rückschläge auch weniger schlimm. Lerne aus deinen Fehlern.

Deos. Eine tolle Erfindung. Benütze sie, wenn du stark schwitzt.

Der erste Eindruck. Ist enorm wichtig. Du hast keine zweite Chance, einen guten ersten Eindruck zu machen! In den ersten paar Minuten entscheidet sich, ob der Kontakt weitergeführt wird oder nicht.

Details. Verrätst du zu Anfang nicht. Flirtgespräche laufen meist oberflächlich ab. Gib aber immer wieder etwas von dir preis und spiel nicht die geheimnisvolle Person. Dein Gegenüber wird es sonst irgendwann aufgeben, weil er/sie dir alles aus der Nase ziehen muss.

Die vier wichtigsten Dinge. Um mit jemandem Kontakt aufzunehmen, braucht es Augenkontakt, ein Lächeln, die Situation als Anhaltspunkt für ein Gespräch nehmen und eine Auskunft erfragen. Das klappt meistens.

Diskret. Bist du auf jeden Fall. Du erzählst nicht gleich alles, was du gerade von deinem Gegenüber erfahren hast, deinen Kollegen/-innen. Das erwartest du schliesslich auch von deinem/r Flirtpartner/in.

Du kannst es. Vergiss das nie! Lies auch einmal ein Buch über positives Denken und Selbstmotivation. Eine interessante Sache.

E

Ehrlichkeit. Ehrlich währt am längsten. Stimmt. Erzähl also deinem Gegenüber nichts, was nicht stimmt. Das ist Gift für eine mögliche Beziehung.

Einsam. Wirst du nicht lange bleiben, wenn du die vielen Tipps, Anregungen und Erfahrungen aus diesem Buch nicht nur liest, sondern in dich aufnimmst und einige davon anzuwenden versuchst.

Empfangsbereitschaft. Wenn du sie ausstrahlst, wird man auf dich aufmerksam, und man beginnt, dich zu beachten.

Erfahrungen. Wirst du machen. Und zwar gute und leider manchmal auch schlechte. An den positiven wächst du und durch die negativen lernst du dazu. Und wächst auch daran!

Esel. Solche, die andere plump und primitiv anmachen, gibts genug. Du lernst andere mit Charme, einem Lächeln und mit Freundlichkeit kennen.

Essen. Es heisst nicht ohne Grund «Liebe geht durch den Magen». Beim Essen kommt man sich näher. Ich nehme einmal an, du besitzt gute Tischmanieren …

F

Fehler. Machst du zwangsläufig hie und da. Andere tun es schliesslich auch. Wichtig ist, dass du daraus lernst.

Feste. Dort sind viele Leute. Die Atmosphäre ist ungezwungen. Mit hohem Flirtfaktor!

Fitness. Ist erstens gesund, und zweites ergibt das bessere Körpergefühl als angenehme Nebenwirkung mehr Sicherheit und Selbstvertrauen.

Flirtsprüche. Sind mehr lustig und unterhaltsam, als dass sie dir viel nützen. In gewissen Situationen können sie allerdings durchaus angebracht sein und zur allgemeinen Erheiterung beitragen.

Freunde. Durch sie lernt man wieder und wieder neue, interessante Leute kennen. Mit ihnen kann man auch ein «zufälliges» Treffen mit einer gewünschten Person arrangieren.

Freundlichkeit. Ist sehr wichtig, um gut auf andere Menschen zu wirken.

G

Geduld. Alles auf einmal erreichen geht nicht. So wirst du schnell aufgeben. Steck dir ein Ziel nach dem anderen.

Gefahren. Gibts fast keine beim Flirten. Ausser du verliebst dich kopfüber und wirst abgelehnt. Je nach Situation kann es auch ab und zu mal etwas peinlich werden. Sag dir aber immer wieder, dass du dir eigentlich nichts vorzuwerfen hast, weil du es schliesslich versucht hast. Hut ab!

Gemeinsamkeiten. Sind nötig, um ein Wir-Gefühl entstehen zu lassen.

Geniessen. Sollst du jeden Flirt und jede Kontaktaufnahme, sei sie auch noch so klein und unbedeutend.

Gesichtsausdruck. Dieser soll Freundlichkeit, Offenheit und Flirtbereitschaft ausstrahlen. Das ist schon der halbe Flirt.

Gespräche. Sollen sein wie ein Tennismatch: Der Ball geht immer hin und her. Fragen, Antwort bekommen, erzählen, Reaktion darauf bekommen, wieder eine Frage, etwas diskutieren und so fort.

Gesprächsthemen. Gibts meistens genug. Interessiere dich für dein Gegenüber, und dir wird viel einfallen. Ebenso entnimmst du eurer Umgebung mögliche Themen wie Leute, Ort, Stadt, Lokal, Essen und Trinken. Eventuell einmal ein Thema neu auffrischen. Über Politik, Militär, Krankheit, Tod und andere heikle Themen sprichst du nicht. Jedenfalls nicht gleich zu Beginn; eventuell kommen solche Themen auf, wenn du dein Gegenüber schon einige Male getroffen hast.

Gestik. Du hast Hände und Arme – benütze sie, um damit deine Aussagen zu unterstreichen und zu verstärken. Fuchtle aber nicht damit in der Luft herum! Achte bei anderen Menschen auf ihre Gestik und lerne daraus.

Glas. Du hältst es in deiner linken Hand. Das wirkt freundlicher. Man schaut bei einem Menschen als Erstes auf die linke Körperhälfte. Darum befestigt man auch Broschen und Blumen auf der linken Seite. Zudem hast du deine rechte Hand frei, um jemanden zu begrüssen.

Gruppen. Wirken abschreckend auf Flirts. Man getraut sich nicht, in eine geschlossene Gruppe «einzubrechen» und jemanden anzusprechen. Besser zu zweit oder auch alleine ausgehen.

H

Hallo sagen. Genau, sag doch einfach hallo! So einfach ist es, jemanden anzusprechen. Es braucht nicht mehr!

Humor. Sei am Anfang etwas zurückhaltend mit Witzen und Gags. Taste dich Schritt für Schritt vor, um herauszufinden, auf welcher Humorschiene sich dein Gegenüber bewegt. Ganz wichtig: Reiss keine schweinischen Witze!

Hunde. Sind Anziehungspunkte. Hunde beschnüffeln sich, ihre Herrchen und Frauchen bleiben stehen und fangen an, sich zu unterhalten. Oder geh auf einen Hund zu und beschäftige dich mit ihm. Der Übergang zu einem Schwatz mit seinem Herrchen oder Frauchen fällt dann nicht mehr schwer.

I

In-Lokale. Dort hält sich auf, wer «dazugehören» will. Ob das gut oder schlecht zu werten ist, sei dir selbst überlassen. Es bedarf aber einiger Zeit, bis du dort auch dazugehörst und unter den Stammgästen aufgenommen wirst. Man trifft meistens auf eine gehobenere Gesellschaft in diesen Lokalen. Oder auf solche, die meinen, in einer zu sein …

Intelligenz. Ist schön, sie zu besitzen. Aber prahle nicht mit deinem Wissen. Du vermittelst sonst vielleicht den Eindruck, ein Besserwisser zu sein.

Internet. Eine weitere Möglichkeit, Leute kennen zu lernen. Eine gewisse Portion Misstrauen ist allerdings nicht schlecht, da sich hinter den Personen nicht immer die Persönlichkeiten befinden, die sie zu sein vorgeben. Ein Treffen immer an einem Ort vereinbaren, wo sich auch noch andere Leute befinden!

J

Ja sagen. Und zwar zu jeder Flirtmöglichkeit. Auch der kleinste Kontakt kann sich jetzt oder später als wertvoll herausstellen.

Jung oder alt. Egal, alle können und sollen flirten.

K

Kavaliere. Die gibt es noch. Als Mann hilfst du der Dame in den Mantel und hältst ihr die Türe auf. Auch wenn viele das heutzutage nicht mehr glauben: Frauen werden immer noch gerne umschwärmt und verwöhnt!

Kleider. Sind wichtig für dein gutes Aussehen. Es müssen keine Designerkleider sein. Bedenke, dass der erste Eindruck zählt!
Kollegen. Sind wertvoll. Man könnte sie aber auch manchmal auf den Mond schiessen, wenn sie sich über einen Flirtversuch lustig machen. Der pure Neid!
Komplimente. Bekommen alle gerne. Egal, ob Frau oder Mann. Mach nur Komplimente, die du auch ernst meinst.
Kontakte. Sind das A und O unseres Lebens. Ohne Kontakte zu anderen Menschen vereinsamen wir.
Korb. Tja, den wirst du früher oder später bekommen. Sei freundlich und korrekt, dann hast du nichts falsch gemacht. Eine Ablehnung kann viele Gründe haben. Wenn du jeden Tag nur einmal mit jemandem Kontakt aufnimmst und flirtest, dies auf dein ganzes Leben hochrechnest, ergeben sich Unmengen an Möglichkeiten, eine/n mögliche/n Partner/in zu finden. Sieh es doch mal so. Auf ein paar Körbe mehr oder weniger kommt es dabei nicht an!
Körper. Er spricht immer und sendet ununterbrochen Signale aus. Das können positive, aber auch negative sein.

L
Lächeln. Sehr wichtig, wenn du jemandem in die Augen schaust.
Langsam. So lernt man flirten, nicht von heute auf morgen und nur in kleinen Schritten. Übung macht den Meister!
Langweilig. Einige Leute schauen und gaffen nur, ohne aber auf den anderen zuzugehen. Solche Zeitgenossen wirken langweilig. Mach es besser – du kannst es!

M
Make-up. Ist schön, aber weniger ist mehr!
Mimik. Damit kann man viel ausdrücken. Schau mal in Filmen auf die Gesichtszüge und den Gesichtsausdruck der Schauspieler/innen. Daran kannst du viel ablesen.
Miniflirts. Sind die kleinsten und kürzesten Kontaktaufnahmen. Obwohl meistens keine «richtigen» Flirts, sind sie nicht zu unterschätzen.

Musik. Spielt im Leben der meisten Menschen eine grosse Rolle. Musik kann das Befinden beeinflussen, einen aufmuntern, ausflippen lassen oder auch traurig stimmen. Sie kann natürlich auch ein Anhaltspunkt sein, um jemanden anzusprechen.
Mut. Den erwirbst du dir Schritt für Schritt, wenn du in allen möglichen Situationen mit den anderen Kontakt aufnimmst. Ein tolles Gefühl, wenn man sich dadurch besser und besser fühlt.

N
Name. Stelle dich immer mit deinem Vornamen und Namen vor. Merke dir unbedingt den Namen deines Gegenübers.
Negative Gedanken. Kommen dann auf, wenn man einen Korb erhalten hat. Sie sind unbegründet, wenn du freundlich und anständig warst. Viele haben negative Gedanken schon vorher und gehen gar nicht erst auf andere zu. Merke: Es gibt keinen Grund, es nicht zu versuchen. Ein Gewinner ist man schon dann, wenn man es versucht hat, und nicht erst, wenn man gewonnen hat. Die, die es nicht probieren, sind die wahren Verlierer!
Nervosität. Ist nötig und gehört beim Flirt dazu, damit es kribbelt. Ohne würde etwas fehlen, oder?
Nörgeln. Über gewisse Dinge oder Personen zu nörgeln, macht einen schlechten Eindruck. Lass es. Wer will schon eine/n Partner/in, der/die stetig an allem etwas auszusetzen hat?

O
Offenheit. Diese strahlst du aus, und die anderen werden ganz anders mit dir umgehen. Wenn man deine Offenheit bemerkt, wird man plötzlich auf DICH zukommen!
Ohne. Gemeint ist der Gummi. Ohne den darf nichts laufen. Ausser du willst frühzeitig den Löffel abgeben.
Optik. Ist nicht alles, wenn sich dahinter keine Persönlichkeit befindet. Manchmal findet man gewisse Menschen «schön», und trotzdem spürt man, dass es an der Ausstrahlung fehlt.
Outsider. Ein Aussenseiter bist du, wenn du den anderen nur beim Flirten zuschaust und selber nicht aktiv wirst. Du kannst es, machs einfach!

P
Parfum. Bitte dezent auftragen, dann kommt es ideal zur Geltung. Du sollst duften und nicht stinken. Wenn es dein Gegenüber in der Nase beisst, ist es zu viel des Guten ...
Partnerschaft. Auch in der Partnerschaft darf und muss sogar geflirtet werden. Das belebt die Beziehung.
Partys. Geh an jede, an die du eingeladen wirst. Veranstalte eventuell selber eine. Gerade dort, wo du ausser dem/r Gastgeber/in niemanden kennst, wirst du viele Flirtmöglichkeiten haben.
Persönlichkeit. Es ist gut und notwendig, dass du auffällst. Aber nicht durch materielle Dinge oder auffälliges Benehmen, sondern durch deine Persönlichkeit!
Pubs. Ideale Flirtreviere. Besonders an der Bar. Die Leute zirkulieren und sind gut gelaunt.

Q
Qualität statt Quantität. Das gilt für viele Dinge des Lebens. Nicht aufhören zu quatschen gehört auch in diese Schublade.

R
Realistische Ziele. Steck deine Ziele nicht zu hoch, dann kann dir nicht viel passieren. Du wirst nicht von heute auf morgen der kontaktfreudigste Mensch der Welt. Das braucht seine Zeit.
Reisen. Entspannt (meistens), und man kann viele Leute kennen lernen, weil im Urlaub sowieso alle gut drauf sind. Bei Klubferien sieht man nicht viel von Land und Leuten, ist aber gut versorgt, was Kontakte und Flirts angeht. Meistens ist von morgens bis abends für Unterhaltung durch Animateure gesorgt. Darüber hinaus gibt es auch Reiseveranstalter, die sich auf Singlereisen spezialisiert haben. Schau und hör dich mal um. Sicher gibt es dies auch in deiner Nähe.
Respekt. Musst du auf jeden Fall allen Menschen, mit denen du zu tun hast, entgegenbringen. Und erst recht deinem/r Flirtpartner/in. Fühle dich in ihn/sie ein und lass ihn/sie dein Interesse spüren.

S

Schwächen. Hat jede/r. Einmal erkannt, können sie abgebaut werden. Wenn es nicht möglich ist, so stehe zu deinen Schwächen und Fehlern. Wenn du sie akzeptierst und damit leben lernst, so verwandeln sie sich in Stärken!

Selbstachtung. Wie du andere achtest, so achte auch dich selbst und hab dich gern.

Selbstvertrauen. Ohne geht es nicht, wenn du mit anderen in Kontakt kommen willst. Du musst dich sicher fühlen in dem, was du tust. Dann hast du Erfolg.

Situationen. Wenn du mit offenen Augen durchs Leben gehst, wirst du günstige Flirtsituationen erkennen und für dich zu nutzen wissen. Nimm immer die Situation als Anhaltspunkt für eine Gesprächseinleitung.

Sonnenbrillen. Sind Flirtkiller, weil man dir mit einer Sonnenbrille nicht in die Augen sehen kann. Du weisst, wie wichtig der Augenkontakt ist, also lass die Sonnenbrille zuhause, sofern sie nicht zwingend nötig ist (Schnee oder stark blendende Sonne).

Spass. Soll Flirten machen, und nichts anderes.

Speedflirting. Gibt es auch unter anderen Bezeichnungen. Eine Art des organisierten Sichkennenlernens. Nach dem Startschuss bleiben für eine gleiche Anzahl Frauen wie Männer nur ein paar Minuten, um jemanden kennen zu lernen, dann werden die Plätze schon getauscht. Am Schluss kann jede/r auf einer Liste ankreuzen, mit wem er/sie den Kontakt weiterführen will. Stimmen zwei überein, so werden die Telefonnummern ausgetauscht. Dieses System hat den Vorteil, dass das Überschreiten der Hemmschwelle, nämlich das erste Ansprechen, der erste Schritt, vom Veranstalter übernommen wird.

Sprechen. Sprich ruhig, deutlich und in einem angenehmen Tempo. Vergiss nicht, deinem Gegenüber dabei immer in die Augen zu schauen.

T

Teilerfolge. Wenn du dir nicht zu viel vornimmst, dann wirst du immer wieder kleine Erfolge feiern können. Die gehören dir. Die hast du «erarbeitet». Niemand nimmt sie dir weg. Baue darauf auf!

Traumpartner. 180 cm gross, blond, blaue Augen, ein toller Beruf? Wenn du deine/n Traumpartner/in findest, dann herzliche Gratulation! Aber nimm die anderen auch noch wahr, denn die Chancen, deine/n Traumpartner/in zu treffen, stehen relativ schlecht. Sei realistisch, oder willst du ewig warten?

TV. Der Flirtersatz. Nur lernst du vor der Kiste verhältnismässig wenig Leute kennen ...

U

Überall. Ja, überall kannst du Leute kennen lernen.

Übung. Alles im Leben will trainiert oder eben geübt werden. Ganz umsonst heisst es nicht «Übung macht den Meister».

Umgebung. Die nimmst du bewusst wahr und benützt sie zu deinen Gunsten. Das heisst, achte auf alles, was passiert, und beziehe dich darauf, wenn du jemanden ansprichst oder mit jemandem ins Gespräch kommst.

Umschwärmen. Sollst du dein Gegenüber. Lass ihn/sie spüren, dass er/sie interessant für dich ist und du es ernst mit ihm/ihr meinst.

Unterhaltung. Jede/r wird gerne unterhalten. Achte darauf, dass du nicht den Entertainer spielst. Man ist dann sicher auch gerne mit dir zusammen, aber eben nur, weil «etwas läuft». Wenn du der/die geborene Komiker/in bist, dann lebe das auf der Bühne aus! Witzig und lustig zu sein, ist zwar wichtig, soll aber nicht als deine wichtigste Eigenschaft rüberkommen. Hier drängt sich natürlich die Frage auf: «Was ist denn die wichtigste Eigenschaft?» Unterhalte dein Gegenüber mit deiner Persönlichkeit!

V

Veränderung. Eine Veränderung zum Besseren in deinem Leben musst du anstreben, sonst nützt dieser Flirtkurs nichts. Du musst bereit sein, einige Verhaltensweisen und -formen zu wechseln.

Vereine. Dort triffst du auf viele Leute, die das Gleiche wollen wie du. Du weisst mittlerweile: Gemeinsamkeiten verbinden.

Gehst du das erste Mal in einen Verein, so kommen alle auf dich zu und wollen dich kennen lernen. Ideal, nicht?

Verloren. Hast du nicht, wenn du abgeblitzt bist oder wenn du einen Korb bekommen hast, sondern wenn du es nicht versucht hast.

Vermitteln. Kannst du dich gerne lassen. Nur bedenke, dass das meistens relativ viel kostet und dabei keine Garantie auf Erfolg besteht. Mehr Erfolgsgefühle hast du allerdings, wenn du etwas an dir arbeitest und dann selber jemanden kennen lernst.

Verschweigen. Verschweige nie etwas Wichtiges. Es kommt früher oder später heraus.

Verstellen. Wenn du dich verstellst, zeigst du nicht deine wahre Persönlichkeit, sondern spielst den anderen etwas vor. Stell dir mal vor, jemand findet dich interessant, wie du dich gerade gibst, und lernt dich dann später von deiner wahren Seite kennen. Er/Sie wird sicher wieder abspringen. Wie heisst es so schön: Strebe danach, perfekt zu werden. Aber nur, wenn du es auch schaffen kannst, sonst nicht. Spiele nicht die perfekte Person!

Vorbereitete Sprüche. Wirken nur, wenn du mit deiner ganzen Person dahinter stehst. Also nicht, wenn sie von anderen stammen, die damit vielleicht einmal Erfolg hatten, und du es jetzt eben auch mal versuchen willst. Dann wirken sie aufgesagt. Ein Korb ist schon fast garantiert!

W

Wagen. Und zwar den ersten Schritt. Wer wagt, gewinnt! Das ist kein blöder Spruch, das stimmt wirklich!

Warten. Du kannst warten, bis dein Schicksal zuschlägt und es gut mit dir meint. Bis es so weit ist, verbringst du deine Zeit mit Kennenlernen von Leuten und Flirten! Es macht schliesslich Spass und nebenbei wird gleich noch dein Freundes- und Bekanntenkreis erweitert.

Wichtigtuerei. Kommt nicht gut an. Gerade Männer neigen dazu. Man(n) will ja schliesslich vor der Damenwelt möglichst cool erscheinen. Dummerweise stehen die wenigsten Frauen darauf. Lass es!

Wohl fühlen. Du fühlst dich wohl und du strahlst es aus! Du musst dich wohl fühlen, wenn du gut auf andere wirken willst. Geht es dir heute nicht so gut? Tu dir etwas Gutes. Koch etwas Feines, kauf dir etwas Schönes zum Anziehen oder mach sonst etwas, was dir Spass macht und dich aufheitert.

X
X-mal. Sollst du Kontakt aufnehmen. Und zwar mit x-beliebigen Personen. Auch mit denen, wo du dir keine Beziehung vorstellen kannst. Es ist schliesslich eine gute Übung!

Y
Yeti. Einige wenige Leute unter uns sehen zugegebenermassen sehr gut aus. Obwohl das auch wieder Ansichtssache ist. Die meisten Menschen gehören aussehensmässig aber zum guten Durchschnitt, wobei man immer viel aus sich herausholen kann. Eventuell auch mit einer Image-, Farb- oder Stilberatung. Wirklich hässliche Leute gibt es sehr, sehr selten. Wenn du also nicht wie der oben genannte «Yeti», also der legendäre Schneemensch im Himalajagebiet, aussiehst, hast du schon die besten Voraussetzungen zum Flirten.

Sorry, hier ist mir nichts Gescheiteres eingefallen. «Y» ist aber auch ein blöder Buchstabe!

Z
Zeichen. Die Zeichen, die andere aussenden, musst du erfassen, um darauf reagieren zu können.
Zeitungen und Zeitschriften. Sind ideale Informationsmedien. Natürlich auch Radio, Fernsehen und Internet. Sei interessiert am Weltgeschehen, sodass du immer über die wichtigsten Geschehnisse informiert bist und mitreden kannst. Vermeide aber heikle Themen, wenn du nicht weisst, wie dein Gegenüber dazu eingestellt ist.
Zielgerichtet. Mit dem Ziel, eine/n Partner/in zu finden, gehst du besser nicht auf andere zu. Dabei wirst du dich nur versteifen. Sei unbeschwert und freue dich einfach am Kontakt mit anderen.

So wirst du die interessanteren Bekanntschaften machen. Verlieben kann man sich nämlich nicht auf Kommando.

Zögern. Das ist auch ein Flirtkiller. «Ich kann doch nicht jetzt einfach hingehen und ihn/sie ansprechen» oder «Was denken denn die anderen?» sind Ausreden, die dir sicher auch bekannt vorkommen. Zögere nicht, sondern geh hin, sonst ist dieser Flirt vielleicht schon bald vorbei. Sage dir: «Ich kann es!» und mach es dann! Du wirst sehen, es funktioniert.

Zuzwinkern. Ich glaube, diese Zeit ist vorbei. Viel besser ist es, bei einem angeregten Blickkontakt eine Augenbrauhe hochzuziehen und dazu nett zu lächeln. Das vermittelt den Eindruck: «Aha, er/sie ist positiv auf mich aufmerksam geworden!» Zugegeben, das mit der einen Augenbraue können nicht alle Leute. Man kann es aber trainieren. Bei mir funktioniert das seit Jahren automatisch.

Schlusswort

So, nun bist du fertig mit diesem Buch. Wie du vielleicht festgestellt hast, propagiere ich nicht an erster Stelle den Hauruckflirt.

Mit «Hauruck» meine ich: sehen, hingehen, ansprechen. Natürlich geht das auch. Viel mehr Erfolge feiern kannst du aber, indem du versuchst, deine Augen offen zu halten, günstige Situationen zu erkennen und dadurch mit deinem Gegenüber zusammenzukommen.

Kennst du die Kraft deiner Gedanken? Deine Gedanken bestimmen deinen Zustand. Dein Zustand bestimmt dein Handeln. Dein Handeln bestimmt, was an Reaktionen und Gefühlen zurückkommt. Was ich damit sagen will? Wenn du dir vorstellst, du seist jemand, der einfach und spontan mit anderen in Kontakt kommt, wird dein Zustand positiver sein. Das wiederum wirkt sich darauf aus, wie du mit anderen Menschen umgehst, und entsprechend viel wird zu dir zurückkommen. Siehst du, du kannst mit deinen Gedanken dich und andere Leute beeinflussen und damit dein sowie deren Leben positiv verändern!

Denk daran, die kleinen Erfolge sind wichtig! Du wirst staunen, wie du ab jetzt einfacher und mit viel mehr Leuten in Kontakt kommst. Mit jedem kleinen Erfolg wirst du selbstsicherer und in deinem Flirtverhalten gestärkt. Geh auf die Menschen zu, strahle Fröhlichkeit und Selbstsicherheit aus, sag «hallo» und unterhalte dich mit ihnen. Lass sie spüren, dass du sie interessant findest. Dann werden sie dich mögen!

Damit all das, was du dir während des Lesens vorgenommen hast, sowie die vielen Tipps und Anregungen dieses Buches nicht in Vergessenheit geraten, sondern für immer und ewig in deinem Gedächtnis bleiben, schliesst du gleich hier und auf der Stelle einen Flirtvertrag mit dir selbst ab. Wenn du willst, kannst du ihn sogar schriftlich aufsetzen. Aber einen mündlichen Vertrag lasse ich auch gelten. Darin heisst es: «Ich verpflichte mich, möglichst jeden Tag mit irgendjemandem Kontakt aufzunehmen.» Denk immer daran: Auch der kleinste Kontakt gilt!

Mit 40 Grad Fieber im Bett darfst du ausnahmsweise einige Zeit aussetzen ...

Diese drei Wörter haben dich in diesem Buch begleitet, haben dich immer wieder aufs Neue motiviert, und es geht auch jetzt weiter. Immer, wenn du in Zukunft vor einer schwierigen Entscheidung stehst, sei es privat oder beruflich, sagst du zu dir:

«Ich kann es!».

Dann wird es dir gelingen.

Etwas möchte ich auch noch loswerden, und zwar meine Lebenseinstellung, auf die ich schon viele positive Reaktionen bekommen habe. Vielleicht wird es auch deine?

Wie wäre es, wenn du von jetzt an häufiger lächeln und nicht alles in unserem hektischen Alltag so bitter ernst nehmen würdest? Rege dich nicht über Dinge auf, die sowieso nicht zu ändern sind, sondern versuche, diese so zu nehmen, wie sie sind, und das Beste daraus zu machen.

Die Zeit, die du dafür benötigst, dich zu ärgern, kannst du viel besser nutzen!

So, vielleicht sehe ich dich einmal in einem meiner Flirtkurse. Ich würde mich sehr darüber freuen. Natürlich bin ich auch dankbar, wenn du mir ab und zu Rückmeldungen über deine Flirterfahrungen zukommen lässt. Vielen Dank.

Ich wünsche dir viel Spass beim Flirten. Jetzt gehts los!

Du kannst es!